みんなが欲しかった！
簿記の問題集

②　資産会計・負債会計・純資産会計 編

滝澤ななみ［監修］
TAC出版開発グループ

日商 1級

商業簿記
会計学

はしがき

　「教室講座と書籍の両方の強みを取り入れた本を作ろう」という企画のもとスタートした「独学で日商簿記検定に合格するための本」である『簿記の教科書・簿記の問題集　2級・3級』は刊行直後から、「わかりやすい」「仕方なく丸覚えしていたところが理解できた！」と非常に好評をいただきました。はやくも本シリーズで合格しましたというお声や、1級シリーズ刊行へのご希望もいただくようになり、1級を刊行する運びとなりました。

　本書は、日商簿記検定に合格する力をつけるための受験対策用問題集です。同シリーズの『簿記の教科書』（別売り）が終わったあとに、本書をご使用ください。効率よく試験に合格していただけるよう、本書には次のような特長があります。

１．応用～本試験レベルの問題を収載

　本シリーズでは、インプットと基本的な知識の確認までを『簿記の教科書』の役割とし、本書『簿記の問題集』では、実践的なアウトプット演習から始められるよう、応用レベルから本試験レベルの問題までを収載しています。これにより、スムーズに本試験レベルの問題演習までを完了させることができます。

２．頻出パターンの問題をピックアップ

　各論点における頻出パターンの問題を収載しているので、出るところだけを効率的に演習することができます。

３．２回分の模擬試験つき

　本試験と同様の総合問題を2回分収載しています。時間（1時間半）を計って解くことにより、本試験の感覚をつかんでください。

　『簿記の問題集日商1級商会1～3』全部で6回分の模擬試験が入っています。日商1級商会の頻出パターンをある程度網羅できますので、ぜひチャレンジしてみてください。

　なお、答案用紙は巻末の別冊に入っていますが、ダウンロードサービスもありますので、ご利用ください。

　本書を利用して、一日もはやく合格し、試験勉強中に得た知識をもって社会にはばたいてください。皆様の合格を心よりお祈り申し上げます。

● 第9版刊行にあたって

　本書は『簿記の問題集　日商1級商業簿記・会計学2　第8版』につき、収益認識に関する会計基準に基づき、改訂を行っています。

2021年10月
TAC出版 開発グループ

『簿記の問題集』の効果的な使いかた

❶ 個別問題を順次解く！

教科書の基本問題を一通りマスターしたら、応用〜本試験レベルの問題をCHAPTER別に解いていきましょう。解答するさいは、別冊の答案用紙をご利用ください。ダウンロードサービスもありますので、ご利用ください。

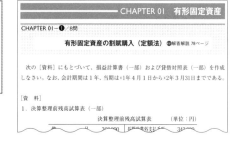

 ❷ 間違えた問題は、教科書に戻って確認しましょう♪

『簿記の教科書』と各CHAPTERが完全対応していますので、間違えた問題は『簿記の教科書』へ戻って、しっかりと復習しましょう。

 ❸ ２回分の模擬試験問題を解く！

※ 模擬試験第１回〜第２回、第５回〜第６回は『簿記の問題集日商１級商会１、３』（別売り）に収載されています。
また、この模擬問題は『簿記の教科書・問題集１級商会１〜３』の内容にもとづき、横断的に出題されています。

合格☆☆

日商簿記検定試験について

受験資格	なし
試験日	年3回（1級は年2回） 6月（第2日曜日）／11月（第3日曜日）／2月（第4日曜日） ※　2月は1級試験の実施はありません。
申込方法	試験の約2か月前から開始。申込期間は、各商工会議所によって異なります。
受験料 （税込）	1級 7,850円 ／ 2級 4,720円 ／ 3級 2,850円 ※　一部の商工会議所およびネット試験では事務手数料がかかります。
試験科目	1級　商業簿記・会計学・工業簿記・原価計算 2級　商業簿記・工業簿記 3級　商業簿記
試験時間	1級 3時間 ／ 2級 90分 ／ 3級 60分
合格基準	1級　70点以上　ただし、1科目ごとの得点は10点以上 2級　70点以上 3級　70点以上

　刊行時のデータです。最新の情報は、商工会議所の検定試験ホームページ（https://www.kentei.ne.jp/）をご確認ください。

　なお、2020年12月より、2級・3級に関して、従来の試験方式（ペーパーで行う統一試験方式）に加え、ネット試験が実施されています（2級90分、3級60分）。また、簿記入門者向けに簿記初級が、原価計算入門者向けに原価計算初級がネット試験（40分）にて実施されています。

 本試験の出題傾向（1級商業簿記・会計学）

　1級の本試験問題は、商業簿記・会計学、工業簿記・原価計算からなり、それぞれ1時間30分ずつで試験が行われます。商業簿記・会計学の出題内容は下記のとおりです。

商業簿記	損益計算書の作成、貸借対照表の作成、本支店合併財務諸表の作成、連結財務諸表の作成など、通常、総合問題の形式（1問形式）で出題されます。配点は25点です。
会計学	会計学は2問から4問の小問形式で出題され、通常、このうち1問が理論問題（正誤問題や穴埋め問題）、残りが計算問題です。配点は25点です。

目 次

※ 模擬試験は、問題、答案用紙は別冊、解答解説は本書の中にあります。

※ 模擬試験の第1回から第2回、第5回から第6回は、『簿記の問題集 日商1級 商業簿記・会計学1、3』(別売り)に収載しております。

※ 答案用紙については、ダウンロードでもご利用いただけます。TAC出版書籍販売サイト・サイバーブックストアにアクセスしてください。

https://bookstore.tac-school.co.jp/

日商1級　商業簿記・会計学2
問題編

有形固定資産の割賦購入（定額法）　 解答解説 78ページ

次の［資料］にもとづいて、損益計算書（一部）および貸借対照表（一部）を作成しなさい。なお、会計期間は1年、当期は×1年4月1日から×2年3月31日までである。

［資　料］

1．決算整理前残高試算表（一部）

決算整理前残高試算表　　　　（単位：円）

備　　　　品	360,000	長期営業外支払手形	343,000
長 期 前 払 利 息	49,000		
支 払 利 息	11,000		

2．当期首に備品（支払総額420,000円、現金正価360,000円）を60か月の分割払いにより購入した。代金は、毎月末に期限の到来する額面7,000円の約束手形を振り出して支払った。なお、利息は取得時に資産として処理している。

3．第12回目の割賦金の支払いとして、3月末が期日の手形を決済し当座預金口座より支払ったが、その分の利息の計上とあわせて未処理である。なお、利息は、定額法により計算する。

4．第11回目までは適正に処理されている。

5．備品について残存価額は取得原価の10%、耐用年数9年、定額法により減価償却を行う。

有形固定資産の割賦購入（利息法）　🔵解答解説 81ページ

　次の［資料］にもとづいて、損益計算書（一部）および貸借対照表（一部）を作成しなさい。なお、会計期間は１年、当期は×1年４月１日から×2年３月31日までであり、計算上端数が生じた場合には、円未満を四捨五入すること。

［資　料］

１．決算整理前残高試算表（一部）

<table>
<tr><td colspan="4">決算整理前残高試算表</td><td>（単位：円）</td></tr>
<tr><td>備　　　　品</td><td>280,072</td><td>営業外支払手形</td><td>100,000</td></tr>
<tr><td>前　払　利　息</td><td>2,922</td><td></td><td></td></tr>
<tr><td>支　払　利　息</td><td>17,006</td><td></td><td></td></tr>
</table>

２．×1年11月１日に備品（支払総額300,000円、現金正価280,072円）を割賦購入した。代金は、毎月末に期限の到来する額面50,000円の約束手形６枚を振り出して支払った。

３．第５回目の割賦金の支払いとして、３月末が期日の手形を決済し当座預金口座より支払ったが、その分の利息の計上とあわせて未処理である。利息は利率が月２％であり、利息法により計算する。

４．第４回目までは適正に処理されている。

５．備品については残存価額ゼロ、耐用年数８年、定額法により減価償却を行う。

減価償却①

● 解答解説 84ページ

次の資料にもとづいて、以下の各問に答えなさい。答案用紙の（　）に記入すべき金額がない場合は「－」を記入すること。なお、会計期間は１年、当期は×5年4月1日から×6年3月31日までである。

［資料Ⅰ］

決算整理前残高試算表

×6年3月31日　　　　（単位：円）

建　　　　　物	各自推定	建物減価償却累計額	100,000
土　　　　　地	200,000	備品減価償却累計額	50,000
備　　　　　品	150,000	車両減価償却累計額	各自推定
車　　　　　両	100,000	機械減価償却累計額	各自推定
機　　　　　械	75,000		
工 具 器 具 備 品	10,000		

［資料Ⅱ］

1．建物は土地とともに×1年4月1日に取得したものである。建物の減価償却は耐用年数40年、残存価額は0円として定額法により行っている。

2．備品は定率法、償却率20％で減価償却している。

3．車両は×3年10月1日に取得したものであり、残存価額10％として生産高比例法により減価償却をしている。総可能走行距離は500,000km、当期首までに200,000kmを走り、当期走行距離は100,000kmであった。

4．機械は×3年4月1日に取得したものであり、耐用年数5年、残存価額は0円として級数法によって減価償却している。

5．工具器具備品は当期首に取得したものである。耐用年数10年、定率法償却率 各自推定 、保証率0.06552、改定償却率0.250で200％定率法によって減価償却している。

6．当期以前の減価償却はすべて適切に行われている。

7．円未満の端数は四捨五入すること。

問1　当期の損益計算書（一部）と貸借対照表（一部）を作成しなさい。

問2　工具器具備品を取得してから7年目に計上する工具器具備品の減価償却費の金額を計算しなさい。

減価償却②

▶解答解説 89ページ

次の資料にもとづいて、当期の損益計算書（一部）と貸借対照表（一部）を作成しなさい。なお、当期は×6年4月1日から×7年3月31日までの1年であり、計算上端数が生じた場合には、円未満を四捨五入すること。

［資料Ⅰ］決算整理前残高試算表（一部）

決算整理前残高試算表

×7年3月31日 （単位：円）

機 械	1,000,000	機械減価償却累計額	360,000
備 品	400,000	備品減価償却累計額	150,000

［資料Ⅱ］会計方針の変更

1．機械は、当期首より2年前に取得したものであり、定率法（耐用年数10年、残存価額は0円、償却率は0.200）により減価償却を行ってきたが、当期首から定額法に変更することにした。なお、定額法による償却率は、耐用年数8年で0.125である。

2．備品は、当期首より3年前に取得したものであり、残存価額は0円、耐用年数8年、定額法により減価償却を行ってきたが、当期首から定率法に変更することにした。なお、定率法による償却率は、耐用年数5年で0.400である。

売却・除却・買換え

解答解説 91ページ

次の資料にもとづいて、答案用紙の損益計算書（一部）および貸借対照表（一部）を作成しなさい。また、答案用紙の（　　）に記入すべき金額がない場合は「－」を記入すること。なお、当期は×2年3月31日を決算日とする1年である。

［資料Ⅰ］決算整理前残高試算表（一部）

決算整理前残高試算表

×2年3月31日　　　　　　　（単位：円）

仮　　払　　金	690,000	機械減価償却累計額	144,000
機　　　　　械	360,000	備品減価償却累計額	175,000
備　　　　　品	400,000	車両減価償却累計額	675,000
車　　　　　両	1,000,000	固定資産売却益	各自推定
減 価 償 却 費	各自推定		

［資料Ⅱ］期中取引等

1．×2年1月28日に機械の一部（取得原価160,000円、期首減価償却累計額108,000円）を除却したが、未処理である。なお、当該機械の見積売却価額は12,000円である。

2．×1年11月30日に備品の一部（取得原価100,000円、期首減価償却累計額25,000円）を76,000円で売却し、代金が当座に振り込まれた。

3．×1年11月30日に旧車両（取得原価1,000,000円、期首減価償却累計額675,000円、時価270,000円）を下取り（下取価格290,000円）に出して新車両（現金正価980,000円）を購入したが、支出額を仮払金として処理したのみである。なお、旧車両の時価と下取価格の差額は新車両の値引として処理する。また、新車両は購入日の翌日より事業の用に供している。

［資料Ⅲ］減価償却方法

1．機械：定額法、耐用年数5年、残存価額10%

2．備品：定額法、耐用年数6年、残存価額10%

3．車両：定額法、耐用年数8年、残存価額10%

圧縮記帳①　　◎解答解説 95ページ

　次の条件により、圧縮記帳を直接減額方式で行い、×1年度および×2年度の損益計算書（一部）および貸借対照表（一部）を作成しなさい。

［条　件］

1．取得原価4,500,000円（うち国庫補助金の受入れによる分が2,000,000円ある）の機械について残存価額は0円、耐用年数10年（税務上の耐用年数も同じ）とする定率法（償却率20％）により減価償却を行っている。なお、この機械は×1年度の期首に取得したものである。

2．×1年度の期首における繰越利益剰余金は125,000円であり、×1年度および×2年度において利益剰余金の処分または配当は行われていない。

圧縮記帳②　　　📖解答解説 98ページ

　次の資料にもとづいて、当期（×3年4月1日から×4年3月31日まで）の損益計算書（一部）および貸借対照表（一部）を作成しなさい。

［資料Ⅰ］決算整理前残高試算表（一部）

決算整理前残高試算表
×4年3月31日　　　　　　　　（単位：円）

建　　　　物	600,000	仮　受　金	70,000
備　　　品	94,000	建物減価償却累計額	285,000
建 設 仮 勘 定	60,000	備品減価償却累計額	44,000
固定資産売却損	350		

［資料Ⅱ］

1. 建物600,000円のうち、取得原価150,000円の建物（期首減価償却累計額は82,750円）が、×3年6月25日に火災により焼失した。この建物については保険が付してあり、保険金受取額70,000円を仮受金として処理している。

2. 建設仮勘定60,000円は、1.で焼失した建物の跡地に新しく建設した建物に対するものである。この建物は×4年1月20日から事業の用に供しており、契約金額に対する不足額34,000円は×4年5月末日（翌期）に支払う約束である。なお、この建物についての保険差益相当額は、直接減額方式（直接減額法）による圧縮記帳を行う。

3. 固定資産売却損350円は、×3年12月20日に備品（取得原価18,000円、期首減価償却累計額10,000円）を売却した際に、売却価額7,650円と期首帳簿価額の差額を計上したものである。

4. 建物はすべて定額法（耐用年数30年、残存価額は0円）、備品はすべて定率法（償却率25％）により減価償却を行う。

資本的支出と収益的支出 　●解答解説 103ページ

　次の資料にもとづいて、損益計算書（一部）と貸借対照表（一部）を作成しなさい。なお、当期は×4年3月31日を決算日とする1年である。

［資料Ⅰ］決算整理前残高試算表（一部）

決算整理前残高試算表

×4年3月31日　　　　（単位：円）

仮 払 金	48,000	機械減価償却累計額	72,000
機 械	160,000		

［資料Ⅱ］決算整理事項等

1．［資料Ⅰ］の機械は期首より5年前に一括取得したものであり、耐用年数10年、残存価額10％、定額法により減価償却を行っている。

2．当期首に修繕を行い、48,000円を支払ったが支出額を仮払金として処理したのみである。なお、この修繕により耐用年数が1年延長し、耐用年数延長部分を資本的支出として処理する。また、資本的支出相当額についても残存価額10％を見積る。

資産除去債務①　　　◉解答解説 105ページ

次の［資料］にもとづいて、各問いに答えなさい。

［資　料］

1．×1年4月1日に、次の機械装置を現金で購入し、ただちに使用を開始した。
　⑴　取得原価360,000円
　⑵　耐用年数3年
　⑶　減価償却方法等：定額法（残存価額0円）
　⑷　当社には当該機械装置を使用後に除去する法的義務があり、その除去費用は120,000円と見積られた。
　⑸　×1年4月1日における割引率は4％とする。
　⑹　利息費用は減価償却費に含めて表示するものとする。
2．×4年3月31日において、当該機械装置の除去にかかる支出額は123,000円であった。
3．計算の過程で生じた端数については円未満をそのつど四捨五入すること。

問1　×2年3月31日の損益計算書および貸借対照表を作成しなさい。
問2　×3年3月31日の損益計算書および貸借対照表を作成しなさい。
問3　×4年3月31日における当該機械装置の除去による履行差額を求めなさい。

資産除去債務②

解答解説 108ページ

　次の資料にもとづき、以下の各問いにおける貸借対照表および損益計算書を作成しなさい。なお、利息費用は減価償却費に含めて表示するものとする。

問１　×2年３月31日に除去時の支出見積額が63,600円に増加した。

問２　×2年３月31日に除去時の支出見積額が57,600円に減少した。

［資　料］

１．×1年４月１日に機械装置（取得原価：1,800,000円、耐用年数：６年）を現金で取得し使用を開始した。なお、残存価額はゼロとして、定額法で減価償却を行う。

２．当社は、当該機械装置を使用後に除去する法的義務があり、除去費用は60,000円と取得時に見積られた。

３．現価係数については以下のとおりである。

	期間６年	期間５年	期間４年	期間３年	期間２年	期間１年
年５％	0.7462	0.7835	0.8227	0.8638	0.9070	0.9524
年４％	0.7903	0.8219	0.8548	0.8890	0.9246	0.9615

４．機械装置取得時の割引率は年５％、見積りの変更時の割引率は年４％とする。

５．計算上端数が生じる場合、そのつど円未満を四捨五入する。

理論問題　　　　　　　📖解答解説 111ページ

　次の文章の空欄（ア～ウ）に当てはまる適当な語句を答案用紙に記入しなさい。

1．資産除去債務とは、有形固定資産の取得、建設、開発または（　ア　）によって発生し、有形固定資産の除去に関して法令または契約で要求される（　イ　）等をいう。
2．計上された資産除去債務に対応する利息費用は損益計算書上、当該資産除去債務に関連する有形固定資産の（　ウ　）と同じ区分に表示する。

ファイナンス・リース取引① ⭐解答解説 112ページ

　以下の条件により、備品Aと備品Bを当期首（×1年4月1日）にリース取引によって取得した場合における×1年度における損益計算書（一部）および貸借対照表（一部）を作成しなさい。解約不能のリース期間がリース物件の経済的耐用年数の75％以上である場合には、ファイナンス・リース取引に該当するものとする。なお、解答上、計上する数字がないかまたは0（ゼロ）の場合は「－」を記入し、計算過程で端数が生じる場合は円未満を四捨五入すること。

［条　件］

1．備品A

　(1)　リース料は毎年3月31日に100,000円ずつ支払う。

　(2)　リース期間は×5年3月31日までの4年間である。

　(3)　リース契約期間経過後、備品の所有権は当社に無償で移転する（所有権移転条項付リース）。

　(4)　貸手の購入価額は380,770円である（計算利子率は2％）。

2．備品B

　(1)　リース料は毎年3月31日に100,000円ずつ支払う。

　(2)　リース期間は×5年3月31日までの4年間である。

　(3)　リース契約期間経過後、備品はリース会社に返却される。

　(4)　貸手の購入価額は371,710円である（計算利子率は3％）。

3．その他の事項

　(1)　備品の経済的耐用年数は5年で、残存価額0円、定額法により減価償却を行っている。

　(2)　リース料総額の現在価値を用いる場合には、年4％の追加借入利子率で割り引いた金額とする。

　(3)　利子率を年r％、期間をn年とする年金現価係数（毎期末に年利r％で一定額ずつ1年複利でn年間積み立てる場合の、積立額の現在価値を求める係数）は、

以下の表のとおりである。

n \ r	1 %	2 %	3 %	4 %	5 %
1 年	0.9901	0.9804	0.9709	0.9615	0.9524
2 年	1.9704	1.9416	1.9135	1.8861	1.8594
3 年	2.9410	2.8839	2.8286	2.7751	2.7232
4 年	3.9020	3.8077	3.7171	3.6299	3.5460

ファイナンス・リース取引② ●解答解説 116ページ

当社は、×3年4月1日にリース会社と機械のリース契約を締結した。そこで、次の［資料］にもとづき、損益計算書（一部）および貸借対照表（一部）を作成しなさい。当期は×4年3月31日に終了する1年である。なお、計算過程で端数が生じる場合は、そのつど円未満を四捨五入し、リース料総額の割引現在価値については、最終数値で円未満を四捨五入すること。

［資料Ⅰ］決算整理前残高試算表

決算整理前残高試算表
×4年3月31日　　　　　　　（単位：円）

現 金 預 金	100,000	リ ー ス 債 務	各自推定
リ ー ス 資 産	各自推定		

［資料Ⅱ］決算整理事項等

1．リース契約の内容（ファイナンス・リース取引に該当する）
   (1) リース期間：4年（解約不能）
   (2) リース料：年15,584円、総額62,336円、毎年3月末払い（現金払い）
   (3) 所有権移転条項はなく、機械は契約期間満了後、貸手に返却する。

2．当社のリース資産見積現金購入価額：55,000円

3．当社の追加借入利子率：年6％

4．×4年3月31日にリース料15,584円を支払ったが、未処理である。

5．リース資産の減価償却方法は定額法による。

6．自己所有の機械については、耐用年数5年、残存価額10％、定額法により減価償却を行っている。

セール・アンド・リースバック取引 ●解答解説 119ページ

次の［資料］にもとづいて、×3年度（×3年4月1日～×4年3月31日）における損益計算書（一部）および貸借対照表（一部）を作成しなさい。なお、計算過程で端数が生じる場合は円未満を四捨五入すること。

［資料Ⅰ］決算整理前残高試算表（一部）

決算整理前残高試算表
×4年3月31日 （単位：円）

現 金 預 金	80,000	備品減価償却累計額	90,000
備　　　　品	160,000		

［資料Ⅱ］決算整理事項等

1．［資料Ⅰ］の備品は当期首より5年前に取得したものであり、耐用年数8年、残存価額10％、定額法により減価償却を行っていたものである。当該備品について×3年4月1日にセール・アンド・リースバック取引を行ったが、未処理である。

2．セール・アンド・リースバック取引の条件（ファイナンス・リース取引に該当する）

　⑴　売 却 価 額：78,974円

　⑵　リース期間：×3年4月1日から3年間（解約不能）

　⑶　リ ー ス 料：毎年1回3月31日に均等払い、年額29,000円、総額87,000円

　⑷　計算利子率：年5.0％

　⑸　リース資産の所有権は、リース期間終了後、当社に無償で移転される。

3．リースバックされた備品については、経済的耐用年数3年、残存価額16,000円、定額法により減価償却を行う。

4．×4年3月31日にリース料を支払っているが、未処理である。

5．セール・アンド・リースバック取引により計上される長期前払費用または長期前受収益は長短分類しないものとする。

リース取引（総合問題）　　📄解答解説 122ページ

　当社は、リース会社から、A、B、C 3種類の機械をリース取引によって調達し、×3年度末において営業の目的で使用している。ファイナンス・リース取引については通常の売買取引に係る方法に準じた会計処理を行う。

　これらの取引について、以下の［資料］にもとづき、問いに答えなさい。なお、会計期間は3月31日を決算日とする1年である。また、計算過程で端数が生じる場合は円未満を四捨五入すること。

［資　料］

1．当社が使用しているリース物件の内訳

リース物件	リース期間	耐用年数	×3年度末現在の経過年数	年間リース料（毎年一定）	リース契約開始時の現金購入価額
機械A	6年	8年	3年	180,000円	943,578円
機械B	5年	6年	2年	120,000円	505,488円
機械C	4年	9年	1年	140,000円	496,440円

2．上記のリース取引は、すべて各年度期首に契約が締結され、毎年のリース料の支払いは各年度末に行われている。これらのリース取引はすべて、実質的に解約不能であるが、所有権は借手に移転しない。

　なお、当社は、リース期間がリース物件の耐用年数の75％以上である場合には、ファイナンス・リース取引に該当するものとしている。

3．当社は、機械について定額法により減価償却を行っている。

4．利子率をr％、期間をn年とする年金現価係数は以下の表のとおりである。

r n	1 %	2 %	3 %	4 %	5 %	6 %
1年	0.9901	0.9804	0.9709	0.9615	0.9524	0.9434
2年	1.9704	1.9416	1.9135	1.8861	1.8594	1.8334
3年	2.9410	2.8839	2.8286	2.7751	2.7232	2.6730
4年	3.9020	3.8077	3.7171	3.6299	3.5460	3.4651
5年	4.8534	4.7135	4.5797	4.4518	4.3295	4.2124
6年	5.7955	5.6014	5.4172	5.2421	5.0757	4.9173
7年	6.7282	6.4720	6.2303	6.0021	5.7864	5.5824
8年	7.6517	7.3255	7.0197	6.7327	6.4632	6.2098
9年	8.5660	8.1622	7.7861	7.4353	7.1078	6.8017
10年	9.4713	8.9826	8.5302	8.1109	7.7217	7.3601

問　当社における次の金額を求めなさい。

①　×3年度における損益計算書上の支払リース料

②　×3年度末におけるリース資産の貸借対照表価額

③　×3年度末におけるリース債務の貸借対照表価額

理論問題

●解答解説 125ページ

　次の文章の空欄（ア～エ）に当てはまる適当な語句または数値を答案用紙に記入しなさい。

1．所有権移転外ファイナンス・リース取引の場合で、かつ、貸手の購入価額等が不明の場合には、リース料総額の現在価値と（　ア　）のいずれか低い方の金額をリース資産計上価額とする。

2．リース料総額の現在価値が、見積現金購入価額の概ね（　イ　）％以上になる場合、または、解約不能のリース期間が、（　ウ　）の概ね75％以上の場合には、ファイナンス・リース取引となる。

3．セール・アンド・リースバック取引によって生じた（　エ　）は長期前受収益または長期前払費用で処理し、減価償却と同時に耐用年数にわたって実現させる。

減損会計①　　🈔解答解説 126ページ

　次の［資料］にもとづいて、答案用紙の損益計算書（一部）と貸借対照表（一部）を作成しなさい。なお、当期は×10年4月1日から×11年3月31日である。

［資料Ⅰ］決算整理前残高試算表

決算整理前残高試算表

×11年3月31日　　　（単位：千円）

建	物	3,825,000	建物減価償却累計額		1,032,750
備	品	2,055,000	備品減価償却累計額		154,125

［資料Ⅱ］固定資産に関する資料

1．減価償却に関する資料

	償却方法	耐用年数	残存価額	備　考
建　物	定額法	30年	10%	当期首から9年前に一括取得
備　品	定額法	12年	10%	前期首一括取得

2．減損処理に関する資料

(1) 当期末において、建物および備品から構成される資産グループαおよびβについて、減損の兆候があると判断された。なお、資産グループαおよびβは、キャッシュ・フローを生み出す最小単位である。

(2) 取得原価

	建　物	備　品	合　計
資産グループα	1,200,000千円	600,000千円	1,800,000千円
資産グループβ	750,000千円	420,000千円	1,170,000千円

(3) 資産グループのキャッシュ・フローの状況等

	割引前将来キャッシュ・フロー	使用価値	正味売却価額
資産グループ α	1,417,500千円	1,050,000千円	1,188,000千円
資産グループ β	825,000千円	749,700千円	606,900千円

(4) 資産グループについて認識された減損損失は、帳簿価額にもとづいて各資産に比例配分する。

減損会計②

☞解答解説 129ページ

資産Aについて、当期末に減損の兆候が把握された。そこで次の資料にもとづいて、当期末において計上される減損損失の額を答えなさい。なお、割引率は5%とする。また、計算過程で端数が生じる場合は、最終数値の円未満を四捨五入すること。

［資　料］

1．資産Aの当期末時点の帳簿価額は2,000円、正味売却価額は1,000円である。また、経済的残存使用年数は25年、25年経過時点の正味売却価額は50円である。

2．その他の割引前将来キャッシュ・フローの状況および割引現在価値は以下のとおりである。

（単位：円）

年数等	1〜20	21	22	23	24	25
割引前将来キャッシュ・フロー	1,500	70	70	70	70	70
割引現在価値	935	?	?	?	?	?

3．割引前将来キャッシュ・フローの総額および使用価値の算定にあたっては、下記の現価係数表（割引率5%）を用いること。

年数	現価係数	年数	現価係数
1年	0.9524	21年	0.3589
2年	0.9070	22年	0.3418
3年	0.8638	23年	0.3256
4年	0.8227	24年	0.3101
5年	0.7835	25年	0.2953

減損会計③　　　📖解答解説 131ページ

次の［資料］にもとづいて、減損処理に係る仕訳を示しなさい。

［資　料］
1．当期末において減損の兆候を検討したところ、A事業の資産グループα、資産グループβおよびのれんを含むより大きな単位に減損の兆候があると判断された。
2．A事業における各資産グループの内訳およびキャッシュ・フローの状況等は次のとおりである。

（単位：千円）

	当期減価償却後の帳簿価額			割引前将来キャッシュ・フロー	回収可能価額
	建物	備品	合計		
資産グループα	121,800	40,600	162,400	140,500	128,800
資産グループβ	200,400	64,200	264,600	279,900	不　明
資産グループγ	391,200	126,600	517,800	不　明	不　明

3．A事業全体のキャッシュ・フローの状況等

（単位：千円）

	割引前将来キャッシュ・フロー	回収可能価額
A事業全体	970,848	846,000

4．前期末にT社より取得したA事業とB事業に係るのれん（当期償却後の帳簿価額120,000千円）は、各事業ののれんが認識された時点における事業の時価（A事業：570,000千円、B事業：390,000千円）の比率により按分すること。また、減損損失は、各資産または資産グループの帳簿価額の比率により配分するが、資産グループの帳簿価額が回収可能価額を下回らないようにすること。

減損会計④　　　解答解説 135ページ

　次の［資料］にもとづいて、減損損失控除後のA資産グループの備品の帳簿価額および損益計算書に記載される減損損失の額を答えなさい。

［資　料］

1．のれん配分後の甲事業部のA資産グループ、B資産グループに減損の兆候があると判断した。

2．のれんの帳簿価額を各資産グループに配分したうえで、のれん配分後の資産グループごとに減損損失を認識するかどうかを判定する方法を採用する。

3．のれんの各資産グループへの配分比率はA25％、B55％、C20％であった。

4．甲事業部の各資産グループの当期末における状況

		A資産グループ	B資産グループ	C資産グループ	のれん
帳簿価額合計		？	40,000千円	75,000千円	5,000千円
（内訳）	建物	22,500千円	30,000千円	52,500千円	
	備品	？	10,000千円	22,500千円	
のれん配分後の割引前将来キャッシュ・フロー		30,500千円	50,000千円	不　明	
のれん配分後の回収可能価額		26,000千円	不　明	不　明	

（注）　1．表中の帳簿価額合計は当期の減価償却費を差し引いた後の金額である。

　　　　2．A資産グループの備品は、当期首に以下のファイナンス・リース取引により調達したリース資産である。

　　　①　所有権移転条項：なし

　　　②　リース期間：4年

　　　③　年間リース料：2,820千円

　　　④　資産計上金額：10,000千円

　　　⑤　貸手の計算利子率：年5％

　　　　3．資産グループごとに認識された減損損失のうち、のれんに配分されなかった金額は、各資産の帳簿価額の比率にもとづき配分する。

減損会計⑤

解答解説 138ページ

次の［資料］にもとづいて、損益計算書（一部）および貸借対照表（一部）を作成しなさい。なお、当期は×4年4月1日から×5年3月31日である。

［資料Ⅰ］決算整理前残高試算表（一部）

決算整理前残高試算表
×5年3月31日 （単位：千円）

建 物	5,700,000	建物減価償却累計額	1,680,000
備 品	1,750,000	備品減価償却累計額	412,500
土 地	5,500,000		

［資料Ⅱ］固定資産に関する資料

1．減価償却に関する資料

	償却方法	耐用年数	残存価額
建 物	定額法	50年	10%
備 品	定額法	15年	10%

2．減損処理に関する資料

(1) 当期末において減損の兆候を検討したところ、X事業部のLグループ、Mグループおよび共用資産を含むより大きな単位に減損の兆候があると判断された。

(2) X事業部の各資産グループおよび共用資産の当期末における状況は、以下のとおりである。なお、表中の帳簿価額は当期の減価償却計算を考慮した後の金額である。

		Lグループ	Mグループ	Nグループ	共用資産	全体
帳簿価額合計		240,000	400,000	750,000	1,000,000	2,390,000
（内訳）	建物	215,000	300,000	525,000	－	1,040,000
	備品	25,000	100,000	225,000	－	350,000
	土地	－	－	－	1,000,000	1,000,000
割引前将来キャッシュ・フロー		229,000	500,000	不明	不明	2,250,000
回収可能価額		168,000	不明	不明	825,000	1,913,000

(3) 減損損失の配分は、各資産または資産グループの帳簿価額の比率により行う。
なお、資産グループの帳簿価額が回収可能価額を下回らないように配分する。

減損会計⑥

⬛解答解説 142ページ

次の［資料］にもとづいて、答案用紙の損益計算書（一部）および貸借対照表（一部）を作成しなさい。なお、当期は×5年4月1日から×6年3月31日である。共用資産の帳簿価額を各資産グループに配分したうえで、共用資産配分後の各資産グループ毎に減損損失を認識するかどうかを判定する方法を採用する。なお、共用資産の各資産グループへの配分比率はA20％、B30％、C50％であった。

［資料Ⅰ］決算整理前残高試算表（一部）

決算整理前残高試算表（一部）

×6年3月31日　　　　　　　　　（単位：千円）

建　　物	3,420,000	建物減価償却累計額	1,008,000
備　　品	1,050,000	備品減価償却累計額	247,500
土　　地	3,300,000		

［資料Ⅱ］固定資産に関する資料

1．減価償却に関する資料

	償却方法	耐用年数	残存価額
建　物	定額法	50年	10％
備　品	定額法	15年	10％

2．減損処理に関する資料

(1) 当期末に、共用資産配分後の甲事業部のAグループ、Bグループに減損の兆候があると判断された。

(2) 減損損失の配分は、各資産の帳簿価額の比率により行う。

(3) 甲事業部の各資産グループおよび共用資産の当期末における状況

		Aグループ	Bグループ	Cグループ	共用資産
帳簿価額合計		144,000	240,000	450,000	600,000
（内訳）	建　物	129,000	180,000	315,000	－
	備　品	15,000	60,000	135,000	－
	土　地	－	－	－	600,000
割引前将来キャッシュ・フロー（共用資産配分後）		206,100	450,000	不明	－
回収可能価額（共用資産配分後）		158,400	不明	不明	－

（注）帳簿価額合計は当期の減価償却費を控除した後の金額である。

CH
04

固定資産の減損会計

減損会計⑦

📖解答解説 145ページ

次の資料にもとづいて、当期の損益計算書（一部）および貸借対照表（一部）を作成しなさい。なお、計算の過程で端数が生じる場合は、四捨五入によること。

［資料Ⅰ］決算整理前残高試算表（一部）

決算整理前残高試算表　　　（単位：千円）

建	物	1,200,000	建物減価償却累計額	720,000
機	械	936,000	機械減価償却累計額	421,200
の れ	ん	142,500		

［資料Ⅱ］固定資産に関する資料

1．減価償却

減価償却については月次で認識しており、［資料Ⅰ］に反映済みである。

2．減損処理

⑴　当社は［資料Ⅰ］ののれんを認識した取引において事業Ⅹおよび事業Ⅰを取得しており、内部管理上、それぞれが独立した事業報告を行っている。なお、のれん認識時点の事業Ⅹおよび事業Ⅰの時価は、それぞれ562,500千円および375,000千円であった。減損処理にあたり、のれんの帳簿価額は当該時価の比率で分割する。

⑵　当期末において、事業Ⅰに含まれる資産グループBおよび事業Ⅰに減損の兆候が観察された。

(3) 事業Yに帰属する資産グループごとの減損損失の計算（単位：千円）

	資産グループA	資産グループB
①帳簿価額合計	138,000	105,000
（内訳）　建物	75,000	48,000
機械	63,000	57,000
②割引前将来キャッシュ・フロー	不明	各自推定
③正味売却価額	不明	各自推定
④回収可能価額	不明	各自推定

（注）資産グループBについて

①　資産グループを構成する資産のうち、機械が主要な資産と認められた。

②　各資産の経済的残存使用年数および各時点において見積られる正味売却価額は以下のとおりである（単位：千円）。

	経済的残存使用年数	現在	2年後	5年後	10年後
建物	10年	33,900	28,980	14,250	4,335
機械	5年	39,900	26,175	7,800	－

③　5年後までの各期間において、資産グループBの使用から見込まれるキャッシュ・フロー（②から判明するものを除く）は、毎年14,700千円である。

④　使用価値の算定で用いる割引率は5％とする。

(4) 資産グループについて認識された減損損失は、帳簿価額にもとづいて各資産に比例配分する。

(5) より大きな単位での減損損失の計算（単位：千円）

	資産グループAおよびB	のれん	のれんを含む資産グループ
① 帳簿価額合計	243,000	各自推定	各自推定
② 割引前将来キャッシュ・フロー	不明	－	298,210
③ 正味売却価額	不明	－	不明
④ 回収可能価額	不明	－	238,450

理論問題　　　　　❸解答解説 149ページ

　次の文章の空欄（ア〜エ）に当てはまる適当な語句を答案用紙に記入しなさい。

1．減損の兆候がある資産または資産グループについては、資産または資産グループから得られる（　ア　）将来キャッシュフローの総額が（　イ　）を下回る場合に減損損失を認識する。

2．減損会計において回収可能価額とは、資産または資産グループの正味売却価額と（　ウ　）のいずれか高い方の金額である。

3．複数の資産または資産グループの将来キャッシュフローの生成に寄与する資産のうち、のれん以外のものを（　エ　）という。

CHAPTER 05−❶／2問

無形固定資産

📖解答解説 150ページ

　次の［資料］にもとづいて、損益計算書（一部）と貸借対照表（一部）を作成しなさい。なお、当期は×12年1月1日から×12年12月31日である。

［資料Ⅰ］決算整理前残高試算表（一部）

決算整理前残高試算表

×12年12月31日　　　　　　　　（単位：円）

の　れ　ん	114,000	
商　標　権	139,200	

［資料Ⅱ］決算整理事項等

1．のれんは×11年1月1日に取得したものである。

2．商標権は×11年9月1日に取得したものである。

3．のれんは認められる最長償却期間、商標権は10年で減価償却を行う。

繰延資産　　　　　■解答解説 152ページ

　次の［資料］にもとづいて、損益計算書（一部）および貸借対照表（一部）を作成しなさい。なお、当期は×5年4月1日から×6年3月31日である。

［資料Ⅰ］決算整理前残高試算表（一部）

決算整理前残高試算表
×6年3月31日　　　　　（単位：千円）

創　　立　　費	8,600	
開　　業　　費	30,000	
株 式 交 付 費	各自推定	
社 債 発 行 費	4,800	
開　　発　　費	60,000	

［資料Ⅱ］決算整理事項等

1．設立日は×2年4月1日であり、開業日は×2年10月1日であった。

2．開発費は×4年6月1日に支出したものである。

3．×4年10月1日に行われた株式分割のために手数料8,640千円を支出し、×5年12月1日に資金調達目的で行われた新株発行のために手数料24,300千円を支出した。

4．×5年5月1日に社債（償還期限×9年4月30日）を発行した際に、手数料4,800千円を支出した。

5．繰延資産として計上できる支出はすべて繰延資産としており、最長償却期間にわたり月割償却を行っている。

ソフトウェア①　　　　　📖解答解説 155ページ

　次の［資料］にもとづいて、答案用紙に示した貸借対照表（一部）および損益計算書（一部）を作成しなさい。なお、当期は×4年3月31日に終了する1年である。

［資　料］

1．×2年度期首にソフトウェア（制作費：75,000千円）を無形固定資産として計上した。

2．市場販売目的のソフトウェアは見込販売数量を基準に償却を行っている。なお、ソフトウェアの見込販売数量、見込販売単価および見込販売収益は以下のとおりである。

	販売数量	販売単価	販売収益
×2年度	5,000個	34,500円	172,500千円
×3年度	5,400個	27,000円	145,800千円
×4年度	3,800個	22,500円	85,500千円
合　計	14,200個	−	403,800千円

3．ソフトウェアの見込有効期間は3年である。

4．×2年度は見込みどおりに販売されたが、×3年度の実績販売数量、実績販売収益および×3年度末における×4年度の見込販売数量、見込販売収益が以下のように減少した。

	販売数量	販売単価	販売収益
×2年度	5,000個	34,500円	172,500千円
×3年度	3,400個	18,000円	61,200千円
×4年度	2,200個	24,000円	52,800千円
合　計	10,600個	−	286,500千円

5．×3年度末の見込みどおり×4年度の販売収益は計上された。また、当該ソフトウェアの見込有効期間に変更はなかった。

6．計算過程で端数が生じる場合には千円未満を四捨五入すること。

ソフトウェア②　●解答解説 157ページ

　次の［資料］にもとづいて、以下の各問に答えなさい。なお、当社は市場販売目的のソフトウェアを企画、制作、販売しており、当期は×10年3月31日に終了する1年である。

［資　料］
1．×8年度期首にソフトウェア（制作費：150,000千円）を無形固定資産として計上した。
2．ソフトウェアの見込販売数量、見込販売単価および見込販売収益は以下のとおりである。

	見込販売数量	見込販売単価	見込販売収益
×8年度	40,000枚	4,500円	180,000千円
×9年度	50,000枚	4,500円	225,000千円
×10年度	38,000枚	900円	34,200千円
合　計	128,000枚	－	439,200千円

3．ソフトウェアの見込有効期間は3年である。
4．見積りと実績は一致している。
5．計算過程で端数が生じる場合には、千円未満を四捨五入すること。

問1　市場販売目的のソフトウェアについて、見込販売数量を基準に償却を行っている場合、損益計算書（一部）と貸借対照表（一部）を作成しなさい。
問2　市場販売目的のソフトウェアについて、見込販売収益を基準に償却を行っている場合、損益計算書（一部）と貸借対照表（一部）を作成しなさい。

ソフトウェア③ 　📖解答解説 161ページ

次の［資料］にもとづいて、以下の各問に答えなさい。

［資　料］
1．×5年度期首に自社利用目的のソフトウェアを制作し、150,000円を支出した。当該ソフトウェアを使用することによる費用削減は確実である。
2．見込利用期間は5年であり、償却は定額法により行う。
3．×7年度末において、見込利用期間はあと1年に見直された。

問1　×7年度におけるソフトウェア償却の金額を答えなさい。
問2　×8年度におけるソフトウェア償却の金額を答えなさい。

ソフトウェア④　　　●解答解説 163ページ

　以下の［資料］にもとづいて、×6年度末（当期末）の仕訳を答えなさい。なお、収益認識に関する会計基準を適用するものとする。

［資料Ⅰ］前提条件等

1．×6年度（当期）に、受注制作のソフトウェアの制作の注文を顧客から受け、契約を締結した。

2．この受注契約は、履行義務の充足に係る進捗度を合理的に見積ることができるものと判断されたため、履行義務の充足に係る進捗度を原価比例法によって計算し、収益を認識する。なお、当契約は単一の履行義務として識別されるものである。

3．当契約に関して、当期より制作を開始している。

［資料Ⅱ］受注契約に関する資料

1．取引価格と見積総原価は、次のとおりであった。

　　　取 引 価 格：5,000千円

　　　見積総原価：4,000千円

2．×6年度末現在、実際に発生した原価は1,200千円であった。

引当金

📖解答解説 165ページ

　次の［資料］にもとづいて、損益計算書（一部）および貸借対照表（一部）を作成しなさい。なお、当期は×4年度（自×4年4月1日　至×5年3月31日）である。

［資料Ⅰ］決算整理前残高試算表（一部）

決算整理前残高試算表

×5年3月31日　　　　　　　（単位：円）

現　金　預　金	2,000,000	役員賞与引当金	各自推定
仮　　払　　金	各自推定		
賞　　　　　与	各自推定		

［資料Ⅱ］決算整理事項等

1. 賞与の支給状況は次のとおりであり、見積額と実績額はここ数年一致している。

支　給　日	支　給　金　額	支給対象期間
×4年6月10日	18,000円（実績額）	×3年12月1日〜×4年5月31日
×4年12月10日	19,080円（実績額）	×4年6月1日〜×4年11月30日
×5年6月10日	19,800円（見積額）	×4年12月1日〜×5年5月31日

2. 役員賞与の支給状況は次のとおりであり、見積額と実績額は一致している。

支　給　日	支　給　金　額	株主総会決議日
×4年6月30日	26,700円（実績額）	×4年6月24日
×5年6月30日	27,900円（見積額）	×5年6月25日

　なお、当期中において支給した役員賞与は、仮払金として処理している。

理論問題 ◉解答解説 168ページ

次の文章の空欄（ア～イ）に当てはまる適当な語句を答案用紙に記入しなさい。

引当金には、負債の部に表示する（　ア　）と資産のマイナス項目である（　イ　）がある。

CHAPTER 08−❶／4問

退職給付会計①　　　📖解答解説 169ページ

　従業員Aは甲社に入社し、当期末まで27年勤務している。従業員Aは、入社から30年後に定年により退職予定である。従業員Aの退職予定時の退職給付見込額は600,000円である。退職給付債務の計算上、割引率は3％とし、計算上端数が生じる場合には、円未満を四捨五入すること。

　以上を考慮し、⑴期首退職給付債務、⑵期末退職給付債務、⑶当期の勤務費用および⑷当期の利息費用をそれぞれ求めなさい。なお、会計期間は1年である。

退職給付会計② ☞解答解説 172ページ

次の各資料にもとづいて、貸借対照表（一部）と損益計算書（一部）を完成させなさい。なお、当期は×7年4月1日から×8年3月31日までの1年である。

[資料1] 期首残高試算表

期首残高試算表
×7年4月1日 （単位：円）

	退職給付引当金	各自推定

[資料2] その他の資料

1. 前期末退職給付債務 675,000円
2. 前期末年金資産（時価） 270,000円
3. 割引率4％、長期期待運用収益率は3％とする。
4. 当期勤務費用 67,500円
5. 当期年金掛金拠出額 27,000円
6. 退職給付支給額 54,000円

（退職一時金40,500円、年金からの支給額13,500円）

退職給付会計③

●解答解説 175ページ

次の［資料］にもとづいて、貸借対照表（一部）と損益計算書（一部）を作成しなさい。なお、当期は×6年4月1日から×7年3月31日までの1年である。

［資料Ⅰ］決算整理前残高試算表（一部）

決算整理前残高試算表

×7年3月31日　　　　（単位：円）

退 職 給 付 費 用	18,070	退職給付引当金	各自推定

［資料Ⅱ］

1. 退職給付に関する事項（単位：円）

	×5年度末	×6年度末
退職給付債務	△443,000	△480,220
年金資産	400,000	450,000
未認識過去勤務費用	8,800	各自推定
未認識数理計算上の差異	4,500	各自推定
退職給付引当金	各自推定	各自推定

2. 退職給付債務等の計算の基礎に関する事項

(1) 退職給付見込額の期間配分の方法　　期間定額基準

(2) 割引率　　　　　　　　　　　　　　3％

(3) 長期期待運用収益率　　　　　　　　4％

(4) 未認識過去勤務費用の処理年数　　　5年（定額法）

(5) 未認識数理計算上の差異の処理年数　10年（定額法）

(6) ×5年度末の未認識過去勤務費用は、すべて×3年度に退職給付水準を改定した際に生じたものである。

(7) ×5年度末の未認識数理計算上の差異は、実際運用収益が期待運用収益を下回ったために発生したもの（借方差異）であり、すべて×5年度に発生したものである。

(8)　差異についてはすべて発生年度から費用処理する。

3．その他の留意事項

(1)　当期の勤務費用は12,000円であった。

(2)　年金基金への掛金拠出額は18,070円であった。

(3)　退職給付に係る会計処理は、期中に年金基金への掛金拠出額を退職給付費用として処理したのみである。なお、退職年金及び退職一時金の支払は期中に行われていない。

CHAPTER 08−❹／4問

理論問題　　🔗解答解説 179ページ

次の文章の空欄（ア〜オ）に当てはまる適当な語句を答案用紙に記入しなさい。

1．退職給付は、従業員が提供した労働の対価として支払われる賃金の（　ア　）としての性格がある。

2．退職給付引当金の設定にあたって、勤務費用、利息費用、（　イ　）、数理計算上の差異および（　ウ　）に係る当期の費用処理は、（　エ　）として計上する。

3．数理計算上の差異および（　ウ　）は、原則として、（　オ　）から費用処理を行う。

社債の償却原価法（利息法）　●解答解説180ページ

次の［資料］にもとづいて、以下の各問に答えなさい。なお、当期は×3年12月31日を決算日とする1年である。また、計算過程で端数が生じる場合には円未満を四捨五入すること。

［資料Ⅰ］決算整理前残高試算表

決算整理前残高試算表

×3年12月31日　　　　　　　　（単位：円）

社　債　利　息	（　①　）	社　　　　　債	（　②　）

［資料Ⅱ］社債に関する事項

1．［資料Ⅰ］の社債は、×3年1月1日に額面総額150,000円、払込金額145,917円、券面利子率年4％、利払日毎年12月末、償還日×5年12月31日の条件で発行したものである。

2．償却原価法（利息法）を採用している。なお、実効利子率は年5％である。

問1　［資料Ⅰ］における①および②の金額を答えなさい。

問2　翌期（×4年1月1日〜×4年12月31日）の損益計算書（一部）と貸借対照表（一部）を作成しなさい。

社債の償却原価法（定額法①）📖解答解説 183ページ

次の［資料］にもとづいて、以下の各問に答えなさい。なお、当期は×4年12月31日を決算日とする１年である。損益計算書（一部）および貸借対照表（一部）を作成しなさい。

［資料Ⅰ］決算整理前残高試算表

決算整理前残高試算表

×4年12月31日　　　　　（単位：円）

社 債 利 息	（ ① ）	社　　　債	（ ② ）

［資料Ⅱ］社債に関する事項

1. ［資料Ⅰ］の社債は、×4年１月１日に額面総額1,000,000円、年利率３％、利払日毎年12月末、償還期間５年の条件で額面100円につき98円で発行したものである。
2. 償却原価法（定額法）を採用している。

問１　［資料Ⅰ］における①および②の金額を答えなさい。

問２　当期の損益計算書（一部）と貸借対照表（一部）を作成しなさい。

CH
09

社

債

社債の償却原価法（定額法②）　🔴解答解説 185ページ

次の［資料］にもとづいて、以下の各問に答えなさい。なお、当期は×6年3月31日を決算日とする1年である。損益計算書（一部）および貸借対照表（一部）を作成しなさい。

［資料Ⅰ］決算整理前残高試算表

決算整理前残高試算表
×6年3月31日　　　　　（単位：円）

	社	債	2,425,000

［資料Ⅱ］期中取引

　×5年12月1日に社債（額面総額2,500,000円、年利率9％、利払日5月末、11月末、償還期間5年）を額面100円につき97円で発行し、払込金額を当座預金とした。

［資料Ⅲ］決算整理事項

　決算日につき、社債の額面総額と払込金額との差額について、償却原価法（定額法）を適用する。また、利札の利息を計上する。

社債の満期償還 ✐解答解説 187ページ

次の［資料］にもとづいて、満期償還の仕訳を答えるとともに損益計算書（一部）を作成しなさい。なお、当期は×9年12月31日を決算日とする１年である。

［資料Ⅰ］決算整理前残高試算表

決算整理前残高試算表
×9年12月31日　　　　　　（単位：円）

現 金 預 金	2,000,000	社 　 債	（　　　）
社 債 利 息	（　　　）		

［資料Ⅱ］決算整理事項等

1．［資料Ⅰ］の社債は×5年１月１日に額面総額1,000,000円、年利率4.5%、利払日６月末、12月末、償還期間５年の条件で額面100円につき98.5円で発行したものである。

2．上記の社債が×9年12月31日に満期になったので全額償還し、最終回の利息とともに当座預金により支払ったが未処理である。

3．社債利息の計算はすべて月割りにより行う。

4．償却原価法（定額法）を採用している。

社債の買入償還①

解答解説 189ページ

次の［資料］にもとづいて、損益計算書（一部）と貸借対照表（一部）を作成しなさい。なお、当期は×3年3月31日を決算日とする1年である。

［資料Ⅰ］決算整理前残高試算表（一部）

決算整理前残高試算表

×3年3月31日　　　　　　（単位：円）

現 金 預 金	200,000	社 　　　 債	（　　　）
社 債 利 息	（　　　）		

［資料Ⅱ］決算整理事項等

1．［資料Ⅰ］の社債は、×1年1月1日に額面総額400,000円、年利率5％、利払日6月末および12月末、償還期間4年の条件で額面100円につき94円で発行したものである。

2．×2年9月30日に額面80,000円の社債を100円につき98円（裸相場）で当座預金により買い入れたが、未処理である。

3．社債利息（端数利息を含む）の計算はすべて月割りにより行う。

4．償却原価法（定額法）を採用している。

社債の買入償還②

●解答解説 192ページ

次の［資料］にもとづいて、損益計算書（一部）と貸借対照表（一部）を作成しなさい。なお、当期は×5年3月31日に終了する1年である。

［資料Ⅰ］決算整理前残高試算表（一部）

決算整理前残高試算表
×5年3月31日　　　　　（単位：円）

仮　払　金	582,000	社　　　　債	（　　　　）
社 債 利 息	（　　　）		

［資料Ⅱ］決算整理事項等

1．社債は、×1年4月1日に額面総額1,500,000円を額面100円につき95円で発行したものであり、償却原価法（定額法）を採用している。なお、償却期間6年、年利率5％、利払日3月末である。

2．×4年9月30日に額面600,000円を額面100円につき97円（利付相場）で買入償還したが、端数利息を含めた支払金額を仮払金として処理したのみである。

3．社債利息（端数利息を含む）についてはすべて月割計算すること。

社債の抽選償還

●解答解説 195ページ

　次の［資料］にもとづいて、当期の貸借対照表に記載される一年以内償還社債と社債の額、および損益計算書に記載される社債利息の額を答えなさい。なお、当期は×4年3月31日に終了する1年である。

［資料Ⅰ］決算整理前残高試算表（一部）

決算整理前残高試算表

×4年3月31日　　　　　　（単位：円）

社　債　利　息	21,000	社　　　　　債	291,000

［資料Ⅱ］決算整理事項等

1. 社債は×2年4月1日に額面総額500,000円を払込金額485,000円、年利率5％、利払日3月末の条件で発行したものであり、×3年3月末より毎年3月末に100,000円ずつ償還している。
2. 償却原価法（定額法）を採用しており、償却額は資金の利用高に応じて月割償却する。

CH
09

社
債

自己株式①　　　●解答解説 198ページ

　次の［資料］にもとづいて、損益計算書（一部）と貸借対照表（一部）を作成しな
さい。なお、当期は×5年3月31日に終了する1年である。また、答案用紙への記入
にあたって、金額が0（ゼロ）の場合には数字の「0」を記入すること。

［資料Ⅰ］決算整理前残高試算表（一部）

決算整理前残高試算表
×5年3月31日　　　　　　　　　　（単位：円）

自 己 株 式	105,000	資 本 金	3,000,000
支 払 手 数 料	1,125	資 本 準 備 金	532,500
		その他資本剰余金	21,000
		利 益 準 備 金	225,000
		任 意 積 立 金	75,000
		繰越利益剰余金	120,000

［資料Ⅱ］自己株式に関する資料

1．［資料Ⅰ］の自己株式は前期において取得した40株の取得原価である。

2．以下に示す自己株式に関する処理がなんら行われていないため、決算にあたり正
　しく処理する。

　⑴　×4年7月1日に行われた取締役会決議にもとづき、20株を@2,841円で取得し
　　た。なお、手数料180円を支払っている。

　⑵　×4年10月5日に25株を@2,880円で募集株式の発行手続により処分した。なお、
　　手数料225円を支払っている。

　⑶　×5年2月14日に行われた取締役会において、10株の消却が決議され、後日消
　　却手続が完了した。なお、手数料120円を支払っている。

　⑷　×5年3月15日に株主から自己株式5株を無償で譲り受けた（時価@2,790円）。

3．自己株式の払出単価の算定は移動平均法による。

4．決算において当期純利益10,000円を計上した。

自己株式②

●解答解説 201ページ

次の［資料］によって、以下の各問に答えなさい。なお、当期は×6年3月31日に終了する1年である。

［資料Ⅰ］決算整理前残高試算表（一部）

決算整理前残高試算表
×6年3月31日　　　　　　　（単位：円）

現 金 預 金	350,000	資 本 金	770,000
自 己 株 式	（　　　）	資 本 準 備 金	105,000
		その他資本剰余金	35,000
		繰越利益剰余金	157,500

［資料Ⅱ］参考事項
1．［資料Ⅰ］における自己株式は前期に取得していた20株である。
2．募集株式50株を交付し、1株あたり1,400円が払い込まれたが、未処理である。
　なお、交付株式のうち、20株は自己株式を処分し、30株は新株を発行している。
3．資本金組入額は、会社法規定の最低限度額とする。

問1　［資料Ⅰ］における自己株式の帳簿価額が25,900円であった場合の、貸借対照表（一部）を作成しなさい。
問2　［資料Ⅰ］における自己株式の帳簿価額が29,400円であった場合の、貸借対照表（一部）を作成しなさい。

自己株式③   ●解答解説 204ページ

次の各取引について仕訳を示しなさい。

(1)　株主総会の決議により、繰越利益剰余金の負の残高（借方残高）70,000円（利益準備金および任意積立金はないものとする）をてん補するため、資本金100,000円を減少させた。残額はその他資本剰余金とすることとし、手続きが完了した。

(2)　株主総会の決議により、資本金50,000円を減少させ、その他資本剰余金とし、同額の自己株式を現金預金により取得して消却することとなり、手続きが完了した。

理論問題

●解答解説 205ページ

次の文章の空欄（ア〜ウ）に当てはまる適当な語句を答案用紙に記入しなさい。

1．自己株式処分差益は、（　ア　）の増加として処理する。

2．（　ア　）の残高が負の値になった場合は、（　イ　）時に、（　ア　）をゼロにして、負の値を繰越利益剰余金から減額する。

3．自己株式の取得および処分に係る付随費用は、原則として、支払手数料などの科目をもって、損益計算書の（　ウ　）に計上する。

CHAPTER 11−❶/5問

新株予約権　　　◉解答解説 206ページ

　次の［資料］にもとづいて、以下の各問に答えなさい。なお、当期は×5年3月31日に終了する。答案用紙への記入にあたって、金額が0（ゼロ）の場合には数字の「0」を記入すること。

［資料Ⅰ］決算整理前残高試算表（一部）

決算整理前残高試算表

×5年3月31日　　　　　　（単位：円）

現 金 預 金	80,000	資 　本 　金	1,600,000
自 己 株 式	84,000	資 本 準 備 金	240,000
		新 株 予 約 権	12,000

［資料Ⅱ］決算整理事項等

1．自己株式

　［資料Ⅰ］における自己株式は前期に@280円で300株取得したものである。

2．新株予約権

⑴　×3年4月1日に以下の条件で新株予約権を発行している。

　①　発 行 総 数：10個（新株予約権1個につき500株）

　②　払 込 金 額：1,200円/個

　③　行 使 価 額：320円/株

　④　資本金組入額：会社法規定の最低限度額

　⑤　行 使 期 間：×3年4月1日～×6年3月31日

⑵　×4年9月1日に上記新株予約権4個が初めて行使され、1,800株は新株を発行し、200株については当社が所有する自己株式を処分し、払込金額が当座に振り込まれたが未処理である。

問1　当期の貸借対照表（一部）を作成しなさい。

問2　仮に、新株予約権の行使価額が272円/株である場合の当期の貸借対照表（一部）を作成しなさい。

新株予約権付社債　　●解答解説 210ページ

　次の［資料］にもとづいて、以下の各問に答えなさい。なお、当期は×5年3月31日に終了する1年である。

［資料Ⅰ］決算整理前残高試算表（一部）

決算整理前残高試算表
×5年3月31日　　　　　（単位：千円）

現　金　預　金	100,000	仮　　受　　金	400,000
		資　　本　　金	500,000
		資　本　準　備　金	50,000

［資料Ⅱ］決算整理事項等

1．転換社債型新株予約権付社債を以下の条件で発行しているが、発行時に払込金額について仮受金で処理したのみである。

　⑴　額面総額：400,000千円（400口、すべて1,000千円券）

　⑵　払込総額：400,000千円（社債の払込金額360,000千円）

　⑶　発行日：×4年4月1日

　⑷　償還期限：×9年3月31日

　⑸　年利率：3％（利払日毎年3月末）

　⑹　新株予約権の内容

　　①　発行総数：400個（社債1口あたり1個の新株予約権を付与）

　　②　新株予約権の目的たる株式数：1個あたり1,000株

　　③　行使価額：1株あたり1,000円

　　④　資本金組入額：1株あたり800円

　　⑤　権利行使に際して出資される財産：新株予約権が付された社債

　　⑥　権利行使期間：×4年4月1日から×9年3月31日

2．×5年3月31日に新株予約権150個が行使され、新株を発行したが、未処理である。なお、社債払込に伴い消滅した社債については配当との調整上、利息を支払わない。

3. 社債については、償却原価法（定額法）を採用している。なお、当期の社債利息の支払いはすべて未処理である。

問1　転換社債型新株予約権付社債の発行にともなう払込金額を、社債の対価部分と新株予約権の対価部分とに区分して処理（区分法）している場合の貸借対照表（一部）を作成しなさい。また、損益計算書に計上される社債利息の金額を答えなさい。なお、記入すべき数値がない場合は（　　）内に「−」を記入すること。

問2　転換社債型新株予約権付社債の発行にともなう払込金額を、区分せずに一括して社債の対価部分として処理（一括法）している場合の貸借対照表（一部）を作成しなさい。また、損益計算書に計上される社債利息の金額を答えなさい。なお、記入すべき数値がない場合は（　　）内に「−」を記入すること。

ストック・オプション　📖解答解説 215ページ

次の［資料］にもとづいて、損益計算書（一部）、株主資本等変動計算書（一部）および貸借対照表（一部）を作成しなさい。当期は×5年3月31日を決算日とする1年である。

［資料Ⅰ］決算整理前残高試算表（一部）

決算整理前残高試算表

×5年3月31日　　　　　　（単位：円）

	新 株 予 約 権	（　　　）

［資料Ⅱ］ストック・オプションに関する事項

1．ストック・オプション付与時点における行使条件等

×1年6月開催の株主総会において、従業員に対して以下の条件のストック・オプションを付与することを決議し、×1年7月1日に付与した。

① ストック・オプションの数：合計10,000個

② 権利行使により与えられる株式数：合計10,000株（1個につき1株）

③ 権利行使時の払込金額：1株あたり50,000円

④ 権利確定日：×4年6月30日

⑤ 付与日におけるストック・オプションの公正な評価単価は2,100円/個である。

⑥ 付与日における×4年6月30日までの退職による失効見積数は500個である。

2．×3年3月期末において、退職による失効見積数を600個に修正した。

3．権利確定日である×4年6月30日までに退職により実際に失効したストック・オプションは580個であった。なお、権利確定日における処理をなんら行っていない。

4．権利確定日から×5年3月31日までにおいて、権利行使されたストック・オプションはなかった。

株式引受権

解答解説 218ページ

以下の［資料］にもとづいて、損益計算書（一部）、株主資本等変動計算書（一部）および貸借対照表（一部）を作成しなさい。当期は×4年3月31日を決算日とする1年である。なお、株主資本等変動計算書の当期変動額を記入する際にマイナス項目である場合は、△を付すこと。

［資　料］

当社は、×1年6月開催の株主総会において、会社法第202条の2に基づき、取締役10名に対して報酬等として、一定の条件を達成した場合に新株の発行を行うこととする契約を締結することを決議し、同年7月1日に取締役との間で条件について同意した。

報酬等に関する情報は次のとおりである。

1．株式の数：取締役1名あたり100株

2．割当ての条件：×1年7月1日から×3年6月30日の間、取締役として業務を行うこと

3．割当ての条件を達成できなかった場合、契約は失効する。

4．付与日：×1年7月1日

5．付与日における公正な評価単価は2,000円/株であった。

6．×1年7月の付与日において、×3年6月末までに2名の自己都合による退任にともなう失効等を見込んでいる。

7．×2年2月に1名の自己都合による退任が発生し、×2年3月末に退任見込みを4名に修正した。その後、×3年2月に2名の自己都合による退任が発生した。

8．権利確定した株式について、×3年7月に取締役会決議により新株を発行している。

9．新株の発行にともなって増加する払込資本は、全額資本金とする。

株主資本等変動計算書　　解答解説 221ページ

次の［資料］にもとづいて、答案用紙の株主資本等変動計算書を完成させなさい。なお、純資産がマイナスとなる場合には、金額の前に△印を付すこと。

［資　料］

1．剰余金の処分

当期において、その他資本剰余金から800千円および繰越利益剰余金から2,500千円の配当金が支払われた。

また、この配当にともない、配当金の10分の1をそれぞれ資本準備金および利益準備金として積み立てた。

2．自己株式

前期末残高3,000千円は前期に取得した30株である。当期において1株あたり200千円で30株を追加取得し、その後1株あたり180千円で35株を処分した。

なお、処分した自己株式の帳簿価額の算定は移動平均法による。

3．その他有価証券

保有するその他有価証券は1銘柄（20株）であり、前期において1株あたり130千円で取得したものである。前期末時価は1株あたり150千円、当期末時価は1株あたり170千円であり、全部純資産直入法により処理し、税効果会計は考慮しない。

4．株式引受権

取締役に対して報酬等として、一定の条件を達成した場合に新株の発行を行うこととする契約を締結した。当期に係る報酬費用は5,000千円であった。

5．新株予約権

前期末残高8,000千円は前期に発行した新株予約権20個（1個あたりの払込金額400千円）である。当期においてこのうち16個の権利が行使され、1個につき1,000千円の払込みを受けた。この権利行使の際に、新株予約権1個につき普通株式10株を新株を発行して交付し、会社法規定の最低限度額を資本金に組み入れた。

6．決算において当期純利益4,250千円を計上した。

MEMO

税効果会計①　　●解答解説 225ページ

　次の資料にもとづいて、当期の損益計算書（一部）および貸借対照表（一部）を作成しなさい。答案用紙の（　　）に記入すべき金額がない場合は「－」を記入し、マイナスを表す場合には金額の前に△を付すこと。なお、会計期間は 1 年、当期は×2年 4 月 1 日から×3年 3 月31日までである。また、税効果会計を適用する際の実効税率は40％とする。

［資　料］

(1)　当期首現在の繰延税金資産は10,000円であり、すべて建物の減価償却費に係るものである。

(2)　受取配当金のうち、益金に算入されない金額が150,000円あった。

(3)　商品評価損のうち、損金に算入されない金額が18,000円あった。

(4)　売掛金に係る貸倒引当金繰入のうち、損金に算入されない金額が6,000円あった。

(5)　前期首に取得した建物（1,500,000円）について定額法（残存価額は 0 円）で減価償却している。なお、会計上の耐用年数は20年で計算しているが、法定耐用年数は30年である。

(6)　その他有価証券（すべて当期に購入）の取得原価は120,000円、時価は135,000円であった。なお、全部純資産直入法で処理している。

税効果会計②　　　🔖解答解説 229ページ

　次の資料にもとづいて、以下の各問に答えなさい。なお、会計期間は3月31日を決算日とする1年間であり、計算上、円未満の端数が生じる場合は四捨五入すること。また、記入する金額がない場合は、「－」を記入すること。

［資　料］前期末貸借対照表（一部）

貸　借　対　照　表
×4年3月31日　　　　　　　　（単位：円）

⋮	
Ⅱ　固　定　負　債	
⋮	
繰延税金負債	2,000

　（注）上記繰延税金負債からは、繰延税金資産50,000円が控除されている。

問1　法人税等の当期確定税額は250,000円である。なお、当期における一時差異の推移は以下のとおりであり、税効果会計（法定実効税率40％）を適用する。よって、答案用紙に示した損益計算書（一部）および貸借対照表（一部）を作成しなさい。

	当期解消額	当期発生額
将来減算一時差異	75,000円	62,500円
将来加算一時差異	55,000円	70,000円

問2　法人税等の当期確定税額は250,000円である。なお、一時差異の額は以下のとおりであり、税効果会計（法定実効税率40％）を適用する。よって、答案用紙に示した損益計算書（一部）および貸借対照表（一部）を作成しなさい。

	前　期　末	当　期　末
将来減算一時差異	125,000円	112,500円
将来加算一時差異	130,000円	145,000円

税効果会計③

🔳解答解説 234ページ

　次の資料にもとづいて、当期の損益計算書（一部）と貸借対照表（一部）を作成しなさい。答案用紙の（　　）に記入すべき金額がない場合は「−」を記入し、マイナスを表す場合には金額の前に△を付すこと。なお、当期は×5年4月1日から×6年3月31日までの1年である。また、税効果会計を適用する際の実効税率は毎期40％とする。

［資料Ⅰ］決算整理前残高試算表（一部）

決算整理前残高試算表
×6年3月31日　　　　　　　（単位：円）

売　掛　金	240,000	買　掛　金	160,000
繰 越 商 品	42,000	貸 倒 引 当 金	588
建　　　物	480,000	繰 延 税 金 負 債	各自推定
機　　　械	240,000	建物減価償却累計額	162,000
投 資 有 価 証 券	38,400	退職給付引当金	30,000
繰 延 税 金 資 産	14,196	資　本　金	1,000,000
仕　　　入	1,000,800	圧 縮 積 立 金	各自推定
		繰越利益剰余金	132,000

　（注）繰延税金資産は、商品に係るもの、売掛金に対する貸倒引当金に係るものおよび建物に係るもの、繰延税金負債は機械に係るものである。

［資料Ⅱ］決算整理事項等

1．商品

　　当期末における商品帳簿棚卸高は60,000円であり、当該商品の正味売却価額は57,600円である。なお、棚卸減耗は生じておらず、期末商品に係る評価損は全額損金算入が認められないものであるため、税効果会計を適用する。また、前期末における評価損の損金不算入額1,800円は当期の課税所得計算において全額損金算入される。

2．貸倒引当金

　　会計上は売掛金期末残高に対して1.6％の貸倒引当金を差額補充法により計上するが、税務上の貸倒引当金の損金算入限度額は2,400円であるため、税効果会計を適用する。また、前期末における貸倒引当金の損金不算入額は1,290円であった。

3．減価償却費

　　［資料Ⅰ］の建物は、当期首より15年前に取得したものである。なお、会計上は定額法（耐用年数40年、残存価額10％）で減価償却を行っているが、税務上は定額法（耐用年数50年、残存価額10％）で減価償却を行うため、税効果会計を適用する。

4．圧縮記帳

　　［資料Ⅰ］の機械は、前期末に国庫補助金60,000円を受け入れて取得したものであり、当期から定額法（耐用年数8年、残存価額0円）により減価償却を行う。なお、当該機械について60,000円の圧縮記帳を行い、会計上、積立金方式により処理しているため、税効果会計を適用する。また、圧縮積立金の取崩しは、減価償却費の割合に応じて行う。

5．その他有価証券

　　［資料Ⅰ］の投資有価証券（その他有価証券）は前期に取得したものであり、前期末時価は40,080円、当期末時価は42,240円である。また、税務上、その他有価証券は取得原価で評価されるため、税効果会計を適用する。

6．退職給付引当金

　　企業年金制度を採用しており、当期の退職給付を計上する。また、税務上は現金支払額で計上されており、繰延税金資産の回収可能性に問題はない。

　　　期首退職給付債務：80,000円　　期首年金資産：50,000円

　　　勤務費用：5,000円　　退職給付債務の割引率：4％

　　　年金資産の長期期待運用収益率：3％

　　　年金掛金の拠出：2,000円

7．当期純利益など

　　当期の税引前当期純利益は200,000円、法人税等は75,000円であった。

理論問題 🔲解答解説 241ページ

次の文章の空欄（ア～オ）に当てはまる適当な語句を答案用紙に記入しなさい。

1．会計と税法の違いから生じる差異には、税効果会計の対象となる（　ア　）と、対象にはならない（　イ　）がある。

2．（　ア　）が解消するときにその期の課税所得を（　ウ　）させる効果があるものを将来加算一時差異といい、法人税等の（　エ　）を意味する繰延税金（　オ　）を貸借対照表上に計上する。

日商1級　商業簿記・会計学2
解答解説編

　　　　有形固定資産の割賦購入（定額法）

解答

損　益　計　算　書
自×1年4月1日　至×2年3月31日
（単位：円）

⋮

Ⅲ　販売費及び一般管理費

減 価 償 却 費　　　　　（　　36,000　）

⋮

Ⅴ　営 業 外 費 用

支 払 利 息　　　　　　（　　12,000　）

貸　借　対　照　表
×2年3月31日
（単位：円）

Ⅰ　流 動 資 産			Ⅰ　流 動 負 債	
⋮			⋮	
前 払 費 用	（	12,000）	営業外支払手形	（　　84,000）
⋮			⋮	
Ⅱ　固 定 資 産			Ⅱ　固 定 負 債	
⋮			⋮	
備　　　品（　360,000)			長期営業外支払手形	（　252,000）
減価償却累計額（△ 36,000)（		324,000)		
長期前払費用	（	36,000)		

解説

本問は、有形固定資産を割賦で購入し、利息を定額法で処理する場合の問題です。

1 期中の仕訳（前T／Bに反映済み）

(1) 購入時

（備　　　品）	360,000	（長期営業外支払手形）	420,000[*1]
（長期前払利息）	60,000[*2]		

* 1　支払総額または額面7,000円×60回＝420,000円

* 2　420,000円－現金正価360,000円＝60,000円

B/S 備品：360,000円

(2) 割賦金の支払時（1回目から11回目）

（長期営業外支払手形）	77,000[*1]	（当　座　預　金）	77,000
（支　払　利　息）	11,000[*2]	（長期前払利息）	11,000

* 1　7,000円×11回＝77,000円
　　　　月々の支払額

* 2　$60,000円 \times \dfrac{1か月}{60か月} = 1,000円$（1回あたりの利息）

　　　1,000円×11回＝11,000円

2 決算整理等

(1) 12回目の割賦金の支払い（未処理事項）

（長期営業外支払手形）	7,000	（当　座　預　金）	7,000
（支　払　利　息）	1,000[*]	（長期前払利息）	1,000

* 　$60,000円 \times \dfrac{1か月}{60か月} = 1,000円$

(2) 減価償却

（減　価　償　却　費）	36,000[*]	（減価償却累計額）	36,000

* 　360,000円×0.9÷9年＝36,000円
　　現金正価

P/L 減価償却費＆ B/S 減価償却累計額：36,000円

P/L 支払利息：11,000円＋1,000円＝12,000円
　　　　　　　　前T／B

⑶ **長期前払利息の長短分類（一年基準）**

決算整理後の長期前払利息48,000円のうち、一年以内に支払日が到来するものについては前払利息に振り替えます。

（前 払 利 息） 12,000* （長期前払利息） 12,000

* $(49,000円 - \underset{\text{後T/B長期前払利息}}{1,000円}) \times \dfrac{12か月}{60か月 - 12か月} = 12,000円$

B/S 前払費用：12,000円

B/S 長期前払費用：48,000円 - 12,000円 = 36,000円

⑷ **長期営業外支払手形の長短分類（一年基準）**

決算整理後の長期営業外支払手形336,000円のうち、一年以内に支払日が到来するものについては営業外支払手形に振り替えます。

（長期営業外支払手形） 84,000 （営業外支払手形） 84,000*

* $(343,000円 - \underset{\text{後T/B長期営業外支払手形}}{7,000円}) \times \dfrac{12か月}{60か月 - 12か月} = 84,000円$

B/S 営業外支払手形：84,000円

B/S 長期営業外支払手形：336,000円 - 84,000円 = 252,000円

この問題のポイントはこれ!!

① **有形固定資産の割賦購入の会計処理を理解しているか？**

・購入時：取得原価⇒**現金正価**

利息分⇒**資産として計上**（前払利息）

・割賦金支払時の利息の配分方法

⇒定額法：（支払総額 - 現金正価）× $\dfrac{経過期間}{支払期間}$ ◀**本問はこっち**

⇒利息法：割賦購入代金の元本未返済額×利子率

② **一年基準による長短分類を理解しているか？**

営業外支払手形と前払利息には**一年基準**を適用する。

⇒支払日が**1年を超えている部分**があるか必ず確認すること（本問は**あり**）

有形固定資産の割賦購入（利息法）

解答

損 益 計 算 書
自×1年4月1日　至×2年3月31日
（単位：円）

⋮

Ⅲ　販売費及び一般管理費
　　減 価 償 却 費　　　　　（　　14,587　）

⋮

Ⅴ　営 業 外 費 用
　　支 払 利 息　　　　　　（　　18,948　）

貸 借 対 照 表
×2年3月31日
（単位：円）

Ⅰ　流 動 資 産			Ⅰ　流 動 負 債		
⋮			⋮		
前 払 費 用	（	980)	営業外支払手形	（	50,000)
⋮					
Ⅱ　固 定 資 産					
⋮					
備　　　品	（ 280,072)				
減価償却累計額	（△ 14,587)	（ 265,485)			

解説

本問は有形固定資産を割賦で購入し、利息を利息法で処理する場合の問題です。

1　期中の仕訳（前T / Bに反映済み）

(1)　購入時

（備　　　　品）	280,072	（営業外支払手形）	300,000*1
（前 払 利 息）	19,928*2		

* 1　支払総額または額面50,000円 × 6 回 ＝ 300,000円

* 2　300,000円 － 現金正価280,072円 ＝ 19,928円

B/S 備品：280,072円

(2) **割賦金の支払時（１回目から４回目）**

（営業外支払手形）	200,000[*1]	（当 座 預 金）	200,000
（支 払 利 息）	17,006[*2]	（前 払 利 息）	17,006

＊１　50,000円 × 4 回 = 200,000円
　　　月々の支払額

＊２　１回目から４回目までの利息合計

支払時	(1)月初元本 未返済額	(2)支払額	(3)利息分 (1)×2%	(4)元本返済分 (2)-(3)	(5)月末元本 未返済額 (1)-(4)
1 回目	280,072円	50,000円	5,601円	44,399円	235,673円
2 回目	235,673円	50,000円	4,713円	45,287円	190,386円
3 回目	190,386円	50,000円	3,808円	46,192円	144,194円
4 回目	144,194円	50,000円	2,884円	47,116円	97,078円
5 回目	97,078円	50,000円	1,942円	48,058円	49,020円
6 回目	49,020円	50,000円	980円＊	49,020円	0円

＊　最終支払日は差額で計算します。50,000円 − 49,020円 = 980円

2 決算整理等

(1) **５回目の割賦金の支払い（未処理事項）**

（営業外支払手形）	50,000	（当 座 預 金）	50,000
（支 払 利 息）	1,942＊	（前 払 利 息）	1,942

＊　97,078円 × 2 ％ ≒ 1,942円（円未満四捨五入）

(2) **減価償却**

（減 価 償 却 費）	14,587＊	（減価償却累計額）	14,587

＊　$280,072円 ÷ 8 年 × \dfrac{5 か月}{12 か月} ≒ 14,587円$（円未満四捨五入）

P/L 減価償却費 & B/S 減価償却累計額：14,587円

P/L 支払利息：17,006円 + 1,942円 = 18,948円
　　　　　　　前T/B

B/S 前払利息：2,922円 − 1,942円 = 980円
　　　　　　　前T/B

B/S 営業外支払手形：100,000円 − 50,000円 = 50,000円
　　　　　　　　　　前T/B

この問題のポイントはこれ!!

① **有形固定資産の割賦購入の会計処理を理解しているか?**

・購入時：取得原価⇒**現金正価**

利息分⇒**資産として計上**（前払利息）

・割賦金支払時の利息の配分方法

⇒定額法：（支払総額－現金正価）$\times \dfrac{\text{経過期間}}{\text{支払期間}}$

⇒利息法：割賦購入代金の元本未返済額×利子率 **◀━本問はこっち**

② **一年基準による長短分類を理解しているか?**

営業外支払手形と前払利息には**一年基準**を適用する。

⇒支払日が**1年を超えている部分**があるか必ず確認すること（本問は**なし**）

減価償却①

問1

損 益 計 算 書
自×5年4月1日 至×6年3月31日
（単位：円）

⋮

Ⅲ 販売費及び一般管理費

減 価 償 却 費 　　　　　（　　　80,000 ）

貸 借 対 照 表
×6年3月31日 　　　　　　（単位：円）

建　　　物	(1,000,000)	
減価償却累計額	(△125,000)	(875,000)
土　　　地		(200,000)
備　　　品	(150,000)	
減価償却累計額	(△ 70,000)	(80,000)
車　　　両	(100,000)	
減価償却累計額	(△ 54,000)	(46,000)
機　　　械	(75,000)	
減価償却累計額	(△ 60,000)	(15,000)
工具器具備品	(10,000)	
減価償却累計額	(△ 2,000)	(8,000)

問2

工具器具備品の減価償却費	656 円

解説

本問は有形固定資産の減価償却の各方法について確認する問題です。

問1

1 建物

定額法により減価償却します。

建物の取得原価は、取得から当期首までに4年経過しているので、建物減価償却累計額より逆算して求めます。

$\boxed{\text{B/S}}$ 建物：$\underset{\text{減価償却累計額}}{100{,}000\text{円}} \times \dfrac{40\text{年}}{4\text{年}} = 1{,}000{,}000\text{円}$

（減 価 償 却 費）	25,000	（建物減価償却累計額）	25,000

減価償却費：1,000,000円 ÷ 40年 = 25,000円

$\boxed{\text{B/S}}$ 建物減価償却累計額：100,000円 + 25,000円 = 125,000円

2 土地

土地は非償却性資産です。有形固定資産であっても、使用や時の経過等によって価値が減少しないものは減価償却費を計上しません。

仕 訳 な し

$\boxed{\text{B/S}}$ 土地：200,000円

3 備品

定率法により減価償却します。定率法では当期首の帳簿価額に償却率を掛けて1年間の減価償却費を計上します。

（減 価 償 却 費）	20,000	（備品減価償却累計額）	20,000

減価償却費：(150,000円 − 50,000円) × 20% = 20,000円

$\boxed{\text{B/S}}$ 備品減価償却累計額：50,000円 + 20,000円 = 70,000円

4 車両

生産高比例法により減価償却します。減価償却の際、残存価額を忘れずに考慮しましょう。

（減 価 償 却 費）	18,000	（車両減価償却累計額）	18,000

減価償却費：$100,000円 \times 0.9 \times \dfrac{100,000km}{500,000km} = 18,000円$

B/S 車両減価償却累計額：$100,000円 \times 0.9 \times \dfrac{200,000km + 100,000km}{500,000km} = 54,000円$

5 機械

級数法により減価償却します。

| （減 価 償 却 費） | 15,000 | （機械減価償却累計額） | 15,000 |

減価償却費：$75,000円 \times \dfrac{3項}{15項} = 15,000円$

B/S 機械減価償却累計額：$75,000円 \times \dfrac{5項 + 4項 + 3項}{15項} = 60,000円$

×3年度	×4年度	×5年度	×6年度	×7年度
25,000円	20,000円	15,000円	10,000円	4,999円*	計74,999円
5項	4項	3項	2項	1項

* 　5年目の減価償却費は備忘価額（残存簿価）1円を残すために差額で求めます。

6 工具器具備品

200％定率法により減価償却します。200％定率法の償却率は、同じ耐用年数の定額法償却率を2.0倍（200％）して計算します。

定率法償却率：$\dfrac{1年}{10年} \times 2.0 = 0.2$

| （減 価 償 却 費） | 2,000 | （工具器具備品減価償却累計額） | 2,000 |

B/S 工具器具備品減価償却累計額：$10,000円 \times 0.2 = 2,000円$

P/L 減価償却費：$25,000円 + 20,000円 + 18,000円 + 15,000円 + 2,000円 = 80,000円$
　　　　　建物　　　備品　　　車両　　　機械　工具器具備品

問2

　保証率、改定償却率が与えられている場合、定率償却額と償却保証額を比較して減価償却費を算定します。

　　償却保証額：10,000円×0.06552≒655円
　　　　　　　　　　　　　保証率

（単位：円）

	1年目	2年目	3年目	4年目	5年目	6年目	7年目	8年目	9年目	10年目
期首簿価	10,000	8,000	6,400	5,120	4,096	3,277	2,622	1,966	1,310	654
減価償却費	2,000	1,600	1,280	1,024	819	655	656	656	656	653
期末簿価	8,000	6,400	5,120	4,096	3,277	2,622	1,966	1,310	654	1
定率償却額	2,000	1,600	1,280	1,024	819	655	524			
償却保証額	655	655	655	655	655	655	655			

1年目～6年目：定率償却額 ≧ 償却保証額なので、定率償却額がそのまま減価償却費になります。

7年目：償却保証額655円 ＞ 定率償却額524円となるため、改定償却率0.250を用いた均等償却に切り替えます。

7年目の工具器具備品減価償却費：2,622円×0.250≒656円
　　　　　　　　　　　　　　　　7年目の期首簿価

① 前T/B空欄部分の数値を計算できたか？（間接法）

・建物：取得原価 $\times \dfrac{1}{耐用年数} \times$ 経過年数 ＝ 減価償却累計額
（定額法）

取得原価 ＝ 減価償却累計額 $\times$ 耐用年数 $\times \dfrac{1}{経過年数}$

式を展開して、取得原価を求める

・車両減価償却累計額：取得原価$(\times 0.9) \times \dfrac{走行距離}{総可能走行距離}$
（生産高比例法）

・機械減価償却累計額：取得原価$(\times 0.9) \times \dfrac{経過期間の項数の合計}{総項数}$
（級数法）

② 200%定率法の均等償却への切替えを理解しているか？

・200%定率法の計算方法

ア　定率償却額：期首帳簿価額 $\times$ 償却率
　　　　　　　　　　　　　　1÷耐用年数×200%

イ　償却保証額：取得原価 $\times$ 保証率

ウ　判定：ア≧イ　⇒　減価償却費＝アの金額　◀ 問1はこっち

　　　　　ア＜イ　⇒　減価償却費＝改定取得価額 $\times$ 改定償却率　◀ 問2はこっち
　　　　　　　　　　　　　　最初にア＜イとなった
　　　　　　　　　　　　　　会計期間の期首帳簿価額

・均等償却への切替えは、耐用年数の到来が迫ってきた時期に生じる。

　⇒ **1年目**では均等償却への切替えは生じないので、**判定を省略**してよい。

減価償却②

解答

損 益 計 算 書
自×6年 4 月 1 日　至×7年 3 月31日

（単位：円）

$\vdots$

Ⅲ　販売費及び一般管理費

減 価 償 却 費　　　　　（　　180,000　）

貸 借 対 照 表
×7年 3 月31日

（単位：円）

$\vdots$

Ⅱ　固　定　資　産

$\vdots$

機　　　　　械	(1,000,000)	
減価償却累計額	(△440,000)	(560,000)
備　　　　　品	(400,000)	
減価償却累計額	(△250,000)	(150,000)

解説

本問は会計上の変更（償却方法の変更）に関する問題です。

1　定率法から定額法への変更

当期首の帳簿価額と残存価額に注意しつつ、残存耐用年数にもとづいて、定額法で減価償却費を計算します。本問では、定額法の償却率が与えられているので、それを利用します。

（減 価 償 却 費）　　80,000　（機械減価償却累計額）　　80,000

減価償却費：（1,000,000円 － 360,000円）× 0.125 ＝ 80,000円

B/S　機械減価償却累計額：360,000円 ＋ 80,000円 ＝ 440,000円

期首の帳簿価額に、変更後の残存耐用年数に対する償却率を掛けて減価償却費を計算します。

（減 価 償 却 費）	100,000	（備品減価償却累計額）	100,000

減価償却費：（400,000円 − 150,000円）× 0.400 ＝ 100,000円

B/S 備品減価償却累計額：150,000円 ＋ 100,000円 ＝ 250,000円

P/L 減価償却費：80,000円 ＋ 100,000円 ＝ 180,000円
　　　　　　　　機械　　　　　備品

この問題のポイントはこれ!!

▶ **減価償却方法の変更の取扱いを理解しているか？**

・**会計上の見積りの変更**として扱う。

⇒定額法から定率法への変更：期首帳簿価額×変更後の残存耐用年数にもとづく償却率

⇒定率法から定額法への変更：変更後における要償却額÷変更後の残存耐用年数

┗▶ 残存価額がある場合、
帳簿価額から残存価額を差し引く

売却・除却・買換え

解答

損 益 計 算 書
自×1年 4 月 1 日　至×2年 3 月31日

（単位：円）

$\vdots$

Ⅲ　販売費及び一般管理費

　　減 価 償 却 費　　　　　（　　241,000　）

$\vdots$

Ⅵ　特 別 利 益

　　固定資産売却益　　　　　（　　 31,000　）

Ⅶ　特 別 損 失

　　固定資産売却損　　　　　（　　 　－　 　）

　　固定資産除却損　　　　　（　　 16,000　）

貸 借 対 照 表
×2年 3 月31日

（単位：円）

貯　蔵　品		（　　 12,000）	
機　　　械	（　200,000）		
減価償却累計額	（△　72,000）	（　128,000）	
備　　　品	（　400,000）		
減価償却累計額	（△235,000）	（　165,000）	
車　　　両	（　960,000）		
減価償却累計額	（△　36,000）	（　924,000）	

解説

本問は有形固定資産の売却・除却・買換えに関する問題です。

1　有形固定資産の除却（機械）

除却した機械と、除却せずにそのままの機械があることに注意しましょう。

(1) **除却時** (未処理)

（機械減価償却累計額）	108,000	（機　　　　　械）	160,000
（減 価 償 却 費）	24,000		
（貯　　蔵　　品）	12,000		
（固定資産除却損）	16,000		

減価償却費 （機械・除却分）：

$$160,000円 \times 0.9 \div 5 年 \times \frac{10か月 \,\,(\times1年\,4\,月\sim\times2年\,1\,月)}{12か月} = 24,000円$$

B/S 貯蔵品：見積売却価額12,000円

B/S 機械：360,000円 － 160,000円 ＝ 200,000円

P/L 固定資産除却損：16,000円

(2) **決算整理仕訳**

（減 価 償 却 費）	36,000	（機械減価償却累計額）	36,000

減価償却費 （機械・除却分以外）：(360,000円 － 160,000円) × 0.9 ÷ 5 年 ＝ 36,000円
　　　　　　　　　　　　　　　　　前T/B機械　　除却分

B/S 機械減価償却累計額：144,000円 － 108,000円 ＋ 36,000円 ＝ 72,000円

2 **有形固定資産の売却（備品）**

売却した備品については期中処理済みであるため、前T/B備品には含まれていない点に注意しましょう。

(1) **売却時** (処理済み)

（備品減価償却累計額）	25,000	（備　　　　　品）	100,000
（減 価 償 却 費）	10,000	（固定資産売却益）	11,000
（当 座 預 金）	76,000		

減価償却費 （備品・売却分）：

$$100,000円 \times 0.9 \div 6 年 \times \frac{8か月 \,\,(\times1年\,4\,月\sim\times1年11月)}{12か月} = 10,000円$$

ここで前T/Bの 各自推定 の欄が判明します。

前T/B 減価償却費：10,000円、固定資産売却益：11,000円

(2) **決算整理仕訳**

| （減 価 償 却 費） | 60,000 | （備品減価償却累計額） | 60,000 |

減価償却費（備品・売却分以外）：400,000円×0.9÷6年＝60,000円

B/S 備品減価償却累計額：175,000円＋60,000円＝235,000円

3 有形固定資産の買換え（車両）

有形固定資産の買換えでは、値引額の処理の仕方に気をつけましょう。

(1) **買換時**

（車両減価償却累計額）	675,000	（車　　　　両）	1,000,000
（減 価 償 却 費）	75,000	（固定資産売却益）	20,000
（車　　　　両）	960,000	（仮　払　金）	690,000

減価償却費（旧車両）：$1,000,000円 \times 0.9 \div 8年 \times \dfrac{8か月（×1年4月～×1年11月）}{12か月}$

$= 75,000円$

B/S 車両：980,000円 － (290,000円 － 270,000円) ＝ 960,000円
　　　　現金正価　　下取価格　　時価

固定資産売却益：270,000円 － (1,000,000円 － 675,000円 － 75,000円) ＝ 20,000円
　　　　　　　時価　　　　　　　売却時の車両帳簿価額

P/L 固定資産売却益：11,000円 ＋ 20,000円 ＝ 31,000円
　　　　　　　　　備品　　　車両

(2) **決算整理仕訳**

| （減 価 償 却 費） | 36,000 | （車両減価償却累計額） | 36,000 |

減価償却費（新車両）：$960,000円 \times 0.9 \div 8年 \times \dfrac{4か月（×1年12月～×2年3月）}{12か月}$

$= 36,000円$

B/S 車両減価償却累計額：675,000円 － 675,000円 ＋ 36,000円 ＝ 36,000円

P/L 減価償却費：24,000円 ＋ 36,000円 ＋ 10,000円 ＋ 60,000円
　　　　　　　　　　　機械　　　　　　　　　備品

＋ 75,000円 ＋ 36,000円 ＝ 241,000円
　　　　車両

この問題のポイントはこれ!!

① **前T/B減価償却費がどの取引に関するものか理解しているか?**

[資料Ⅱ] 期中取引等のうち…

⇒除　却：未処理

⇒売　却：処理済み

⇒買換え：支出額を仮払金としただけ

∴　前T/B減価償却費は、**売却取引**に関するもの

② **買換えの会計処理を理解しているか?**

・買換えの処理は、**下取資産の売却**と**新資産の購入**の処理に分解して考える。

・買換えの処理は2パターンある。

(1) 値引きを**考慮しない方法**

・固定資産売却損益：下取価格－下取資産の帳簿価額

・新資産の取得原価：新資産の現金正価

(2) 値引きを**考慮する方法**　◀ **本問はこっち**

・固定資産売却損益：下取資産の時価－下取資産の帳簿価額

・新資産の取得原価：新資産の現金正価－（下取価格－下取資産の時価）

値引き部分

圧縮記帳①

解答

×1年度

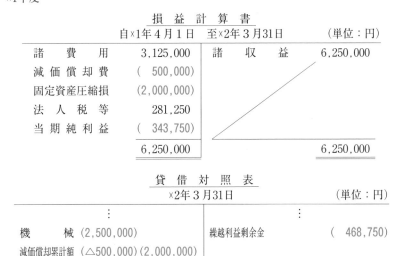

損　益　計　算　書
自×1年4月1日　至×2年3月31日　（単位：円）

諸　　費　　用	3,125,000	諸　　収　　益	6,250,000
減 価 償 却 費	(500,000)		
固 定 資 産 圧 縮 損	(2,000,000)		
法 人 税 等	281,250		
当 期 純 利 益	(343,750)		
	6,250,000		6,250,000

貸　借　対　照　表
×2年3月31日　（単位：円）

┊		┊	
機　　械 (2,500,000)		繰越利益剰余金	(468,750)
減価償却累計額 (△500,000)	(2,000,000)		

×2年度

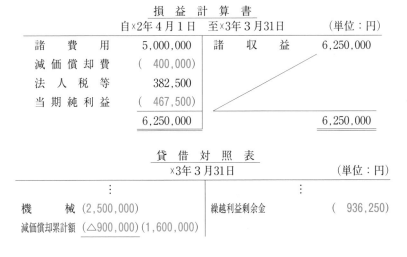

損　益　計　算　書
自×2年4月1日　至×3年3月31日　（単位：円）

諸　　費　　用	5,000,000	諸　　収　　益	6,250,000
減 価 償 却 費	(400,000)		
法 人 税 等	382,500		
当 期 純 利 益	(467,500)		
	6,250,000		6,250,000

貸　借　対　照　表
×3年3月31日　（単位：円）

┊		┊	
機　　械 (2,500,000)		繰越利益剰余金	(936,250)
減価償却累計額 (△900,000)	(1,600,000)		

解説

本問は国庫補助金を受け取った際の処理方法（直接減額方式）に関する問題です。

1 直接減額方式

直接減額方式では、圧縮相当額を固定資産圧縮損に計上するとともに、同額を有形固定資産の取得原価（帳簿価額）から直接減額します。

⑴　×1年度

①　国庫補助金の受入れ

（現 金 預 金）	2,000,000	（国庫補助金収入）	2,000,000

②　機械の購入

国庫補助金収入と同額を圧縮損として計上します。

（機　　　　　械）	4,500,000	（現 金 預 金）	4,500,000
（固定資産圧縮損）	2,000,000	（機　　　　　械）	2,000,000

P/L 固定資産圧縮損：2,000,000円

B/S 機械：4,500,000円 − 2,000,000円 = 2,500,000円

③　減価償却

（減 価 償 却 費）	500,000	（機械減価償却累計額）	500,000

P/L 減価償却費：(4,500,000円 − 2,000,000円) × 0.2 = 500,000円

B/S 機械減価償却累計額：500,000円

P/L 当期純利益：6,250,000円 − 3,125,000円 − 500,000円 − 2,000,000円 − 281,250円
　　　　　　　= 343,750円

B/S 繰越利益剰余金：125,000円 + 343,750円 = 468,750円

⑵　×2年度

①　減価償却

（減 価 償 却 費）	400,000	（機械減価償却累計額）	400,000

P/L 減価償却費：(4,500,000円 − 2,000,000円 − 500,000円) × 0.2 = 400,000円

B/S 機械減価償却累計額：500,000円 + 400,000円 = 900,000円

P/L 当期純利益：6,250,000円 − 5,000,000円 − 400,000円 − 382,500円 = 467,500円

B/S 繰越利益剰余金：468,750円 + 467,500円 = 936,250円

この問題のポイントはこれ!!

▶ 直接減額方式の会計処理を理解しているか？

・国庫補助金を受け取ったとき：**国庫補助金収入**（特別利益）
・圧縮記帳したとき 　　　　　：固定資産圧縮損（特別損失）、**固定資産勘定の減額**
・決算時 　　　　　　　　　　：**圧縮記帳後の金額**で減価償却費を計算

圧縮記帳②

損 益 計 算 書
自×3年4月1日 至×4年3月31日
(単位：円)

⋮

Ⅲ 販売費及び一般管理費
1.（減 価 償 却 費） （ 31,000 ）

⋮

Ⅵ 特 別 利 益
1.（保 険 差 益） （ 4,000 ）
2.（固定資産売却益） （ 1,150 ）
Ⅶ 特 別 損 失
1.（固定資産圧縮損） （ 4,000 ）

貸 借 対 照 表
×4年3月31日 （単位：円）

			未 払 金	（ 34,000)
⋮				
建　　物	（ 540,000)			
減価償却累計額	（△218,000)	（ 322,000)		
備　　品	（ 94,000)			
減価償却累計額	（△ 56,500)	（ 37,500)		

解説

本問は圧縮記帳（直接減額方式）に関する問題です。

1 建物の焼失

期中の仕訳では仮受金を用いているので、正しい仕訳に修正します。

(1) 期中の仕訳

(現 金 預 金)	70,000	(仮 受 金)	70,000

(2) 正しい仕訳

減価償却費 (焼失分)：$150,000円 \div 30年 \times \dfrac{3か月}{12か月} = 1,250円$

(現 金 預 金)	70,000	(建 物)	150,000
(建物減価償却累計額)	82,750	(保 険 差 益)	4,000
(減 価 償 却 費)	1,250		

P/L 保険差益：$70,000円 - (150,000円 - 82,750円 - 1,250円) = 4,000円$

(3) 修正仕訳

(仮 受 金)	70,000	(建 物)	150,000
(建物減価償却累計額)	82,750	(保 険 差 益)	4,000
(減 価 償 却 費)	1,250		

2 建物の圧縮記帳 (直接減額方式)

新しい建物は当期から事業の用に供しているため、その処理をします。

(1) 振替仕訳

(建 物)	94,000	(建 設 仮 勘 定)	60,000
		(未 払 金)	34,000

B/S 未払金：34,000円

(2) 圧縮記帳 (直接減額方式)

(固定資産圧縮損)	4,000	(建 物)	4,000

| P/L | 固定資産圧縮損：保険差益相当額4,000円 |

| B/S | 建物：600,000円 − 150,000円 + 94,000円 − 4,000円 = 540,000円 |

(3) 決算整理仕訳

圧縮記帳を行ったときは、圧縮後の帳簿価額を取得原価とみなして減価償却の計算を行います（月割計算）。

$$減価償却費（新建物）：(94,000円 − 4,000円) ÷ 30年 × \frac{3か月}{12か月} = 750円$$

| （減 価 償 却 費） | 750 | （建物減価償却累計額） | 750 |

3 上記以外の建物の減価償却費の計上

焼失や新しい建物以外の建物に関する減価償却費を計算します。難しい論点を終えた安心感から忘れがちなので気をつけましょう。

| （減 価 償 却 費） | 15,000 | （建物減価償却累計額） | 15,000 |

減価償却費：(600,000円 − 150,000円) ÷ 30年 = 15,000円

∴建物減価償却費：1,250円 + 750円 + 15,000円 = 17,000円

| B/S | 建物減価償却累計額：285,000円 − 82,750円 + 750円 + 15,000円 = 218,000円 |

4 備品の売却

期首から売却時までの減価償却費が反映されていないので、正しい仕訳に修正します。

(1) 期中の仕訳

（現 金 預 金）	7,650	（備　　　　品）	18,000
（備品減価償却累計額）	10,000		
（固定資産売却損）	350		

(2) 正しい仕訳

減価償却費：$(18,000円 - 10,000円) \times 25\% \times \dfrac{9か月}{12か月} = 1,500円$

（現　金　預　金）	7,650	（備　　　　品）	18,000
（備品減価償却累計額）	10,000	（固定資産売却益）	1,150
（減 価 償 却 費）	1,500		

P/L 固定資産売却益：$7,650円 - \underbrace{(18,000円 - 10,000円 - 1,500円)}_{売却時の帳簿価額6,500円} = 1,150円$

(3) 修正仕訳

| （減 価 償 却 費） | 1,500 | （固定資産売却損） | 350 |
| | | （固定資産売却益） | 1,150 |

5　上記以外の備品の減価償却費の計上

　売却分以外の備品に関する減価償却費を計算します。難しい論点を終えた安心感から忘れがちなので気をつけましょう。

| （減 価 償 却 費） | 12,500 | （備品減価償却累計額） | 12,500 |

　減価償却費：$(94,000円 - 44,000円) \times 25\% = 12,500円$

　∴備品減価償却費：$1,500円 + 12,500円 = 14,000円$

B/S 備品減価償却累計額：$44,000円 + 12,500円 = 56,500円$

P/L 減価償却費：$\underset{建物}{17,000円} + \underset{備品}{14,000円} = 31,000円$

① 直接減額方式の会計処理を理解しているか?

・保険金を受け取ったとき：**保険差益**（特別利益）

・圧縮記帳したとき　　　：固定資産圧縮損（特別損失）、**固定資産勘定の減額**

・決算時　　　　　　　　：**圧縮記帳後の金額**で減価償却費を計算

② 圧縮記帳や売却の対象となった固定資産以外の減価償却費を忘れずに行えたか?

　前T/Bを確認して、圧縮記帳や売却したもの以外にも固定資産があることを確認すること

資本的支出と収益的支出

解答

損 益 計 算 書
自×3年４月１日　至×4年３月31日
（単位：円）

⋮

Ⅲ　販売費及び一般管理費
修　繕　費　　　（　　40,000　）
減 価 償 却 費　　　（　　13,200　）

貸 借 対 照 表
×4年３月31日　　　　　（単位：円）

機　　械　（　168,000）
減価償却累計額（△ 85,200）（　82,800）

解説

　本問は有形固定資産における資本的支出と収益的支出に関する問題です。

1　修繕時の処理

　支出額を、資本的支出（改良）と収益的支出（修繕）に分けます。耐用年数が延長した場合は、延長後の残存耐用年数に占める延長耐用年数分を資本的支出とし、それ以外を収益的支出とします。

（機　　械）　8,000　（仮　払　金）　48,000
（修　繕　費）　40,000

延長後の残存耐用年数：10年 − 5年 + 1年 = 6年
　　　　　　　　　　　当初の残存耐用年数

機械（資本的支出）：48,000円 × $\dfrac{\text{延長耐用年数1年}}{\text{延長後の残存耐用年数6年}}$ = 8,000円

$\boxed{\text{P/L}}$ 修繕費（収益的支出）：48,000円 − 8,000円 = 40,000円

$\boxed{\text{B/S}}$ 機械：160,000円 + 8,000円 = 168,000円

2 **減価償却**

資本的支出部分についても減価償却を行います。

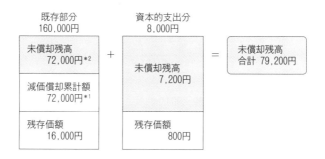

＊1　160,000円 × 0.9 ÷ 10年 × 5年 = 72,000円

＊2　160,000円 × 0.9 − 72,000円 = 72,000円

（減 価 償 却 費）　　13,200　　（機械減価償却累計額）　　13,200

$\boxed{\text{P/L}}$ 減価償却費：（72,000円 + 7,200円）÷ 6年 = 13,200円

$\boxed{\text{B/S}}$ 機械減価償却累計額：72,000円 + 13,200円 = 85,200円

この問題のポイントはこれ!!

① **資本的支出と収益的支出の按分を理解しているか？**

・資本的支出 = 支出した額 × $\dfrac{\text{延長耐用年数}}{\text{延長後の残存耐用年数}}$

・収益的支出 = 支出した額 − 資本的支出

② **資本的支出後の減価償却の会計処理を理解しているか？**

減価償却費 = $\dfrac{\text{既存部分の未償却残高 + 資本的支出分の未償却残高}}{\text{延長後の残存耐用年数}}$

CHAPTER 02−❶／3問 　　　　　　　**資産除去債務①**

解答

問1　×2年3月31日

損　益　計　算　書
自×1年4月1日　至×2年3月31日
（単位：円）

　　　　　　　　　　　　　　　　　⋮

Ⅲ　販売費及び一般管理費
　　減 価 償 却 費　　　　　　　（　　159,827　）

貸　借　対　照　表
×2年3月31日　　　　　　　（単位：円）

機 械 装 置	（　466,680）	資 産 除 去 債 務	（　110,947）
		減価償却累計額	（　155,560）

問2　×3年3月31日

損　益　計　算　書
自×2年4月1日　至×3年3月31日
（単位：円）

　　　　　　　　　　　　　　　　　⋮

Ⅲ　販売費及び一般管理費
　　減 価 償 却 費　　　　　　　（　　159,998　）

貸　借　対　照　表
×3年3月31日　　　　　　　（単位：円）

機 械 装 置	（　466,680）	資 産 除 去 債 務	（　115,385）
		減価償却累計額	（　311,120）

問3

履 行 差 額	3,000　円

資産除去債務の一連の流れを問う問題です。

問1

1 取得および資産除去債務発生時

×1年4月1日

（機 械 装 置）	466,680*2	（現 金 預 金）	360,000
		（資産除去債務）	106,680*1

* 1　120,000円 ÷ 1.04^3 ≒ 106,680円（円未満四捨五入）

* 2　貸方合計

B/S　機械装置：466,680円

2 決算時（×2年3月31日）

(1) 時の経過による資産除去債務の調整

利息費用は、減価償却費に含めて処理します。

（利 息 費 用） 減価償却費	4,267	（資産除去債務）	4,267*

*　106,680円 × 4 ％ ≒ 4,267円（円未満四捨五入）

(2) 減価償却と資産計上した除去費用の費用配分

（減 価 償 却 費）	155,560	（減価償却累計額）	155,560*

*　466,680円 × $\dfrac{1 \, 年}{3 \, 年}$ = 155,560円

P/L　減価償却費：4,267円 + 155,560円 = 159,827円

B/S　資産除去債務：106,680円 + 4,267円 = 110,947円

B/S　減価償却累計額：155,560円

問2

1 決算時（×3年3月31日）

(1) 時の経過による資産除去債務の調整

（利 息 費 用） 減価償却費	4,438	（資産除去債務）	4,438*

*　（106,680円 + 4,267円）× 4 ％ ≒ 4,438円（円未満四捨五入）

(2) **減価償却と資産計上した除去費用の費用配分**

（減 価 償 却 費）	155,560	（減価償却累計額）	155,560*

＊　$466,680円 \times \dfrac{1 年}{3 年} = 155,560円$

P/L	減価償却費：4,438円 + 155,560円 = 159,998円

B/S	減価償却累計額：155,560円 + 155,560円 = 311,120円

B/S	資産除去債務：110,947円 + 4,438円 = 115,385円

問3

1　決算時（×4年3月31日）

(1) **時の経過による資産除去債務の調整**

（利　息　費　用）	4,615	（資 産 除 去 債 務）	4,615*
減価償却費			

＊　120,000円 −（106,680 + 4,267円 + 4,438円）= 4,615円

(2) **減価償却と資産計上した除去費用の費用配分**

（減 価 償 却 費）	155,560	（減価償却累計額）	155,560*

＊　$466,680円 \times \dfrac{1 年}{3 年} = 155,560円$

(3) **機械装置の除去**

（減価償却累計額）	466,680	（機　械　装　置）	466,680
（資 産 除 去 債 務）	120,000	（現　金　預　金）	123,000
（履　行　差　額）	3,000*		

＊　123,000円 − 120,000円 = 3,000円

この問題のポイントはこれ!!

▶　**資産除去債務の会計処理を理解しているか？**

・計上時の処理：**割引計算した**資産除去債務を計上するとともに、同額を固定資産に
　　　　　　　　含めて計上する。

・決算時の処理：**利息費用を計算**し、資産除去債務を増額する。
　　　　　　　　固定資産について減価償却を行う。

・履行時の処理：**履行差額は発生時の費用**として、原則として減価償却費と同じ区分
　　　　　　　　に計上する。

問1

損 益 計 算 書
自×1年4月1日　至×2年3月31日
（単位：円）

⋮

Ⅲ　販売費及び一般管理費
　　減 価 償 却 費　　　　　　　（　309,700　）

貸 借 対 照 表
×2年3月31日　　　　　　　（単位：円）

機 械 装 置	（1,847,731）	資産除去債務	（　49,969）
		減価償却累計額	（　307,462）

問2

損 益 計 算 書
自×1年4月1日　至×2年3月31日
（単位：円）

⋮

Ⅲ　販売費及び一般管理費
　　減 価 償 却 費　　　　　　　（　309,700　）

貸 借 対 照 表
×2年3月31日　　　　　　　（単位：円）

機 械 装 置	（1,842,892）	資産除去債務	（　45,130）
		減価償却累計額	（　307,462）

解説

資産除去債務の見積りの変更に関する問題です。見積りが増加する場合と減少する場合で用いる割引率が異なる点に注意しましょう。

問1

1　×1年4月1日（取得および資産除去債務発生時）

（機　械　装　置）	1,844,772*2	（現　金　預　金）	1,800,000
		（資産除去債務）	44,772*1

* 1　60,000円 × 0.7462 = 44,772円

* 2　貸方合計

2　×2年3月31日（決算時）

(1)　**時の経過による資産除去債務の調整**

（利　息　費　用） _{減価償却費}	2,238	（資産除去債務）	2,238*

*　60,000円 × 0.7835 − 44,772円 = 2,238円

(2)　**減価償却と資産計上した除去費用の費用配分**

（減　価　償　却　費）	307,462	（減価償却累計額）	307,462*

*　$(1,800,000円 + 44,772円) \times \dfrac{1年}{6年} = 307,462円$

(3)　**将来キャッシュ・フローの見積額増加による資産除去債務の調整**

見積額が増加した×2年3月31日における割引率を用います。

（機　械　装　置）	2,959	（資産除去債務）	2,959*

*　$(63,600円 − 60,000円) \times 0.8219 ≒ 2,959円$（円未満四捨五入）

P/L　減価償却費：2,238円 + 307,462円 = 309,700円

B/S　機械装置：1,844,772円 + 2,959円 = 1,847,731円

B/S　資産除去債務：44,772円 + 2,238円 + 2,959円 = 49,969円

B/S　減価償却累計額：307,462円

1 ×1年4月1日（取得および資産除去債務発生時）

| （機 械 装 置） | 1,844,772*2 | （現 金 預 金） | 1,800,000 |
| | | （資産除去債務） | 44,772*1 |

* 1　60,000円 × 0.7462 = 44,772円

* 2　貸方合計

2 ×2年3月31日（決算時）

⑴　時の経過による資産除去債務の調整

| （利 息 費 用） | 2,238 | （資産除去債務） | 2,238* |
| 減価償却費 | | | |

*　60,000円 × 0.7835 − 44,772円 = 2,238円

⑵　減価償却と資産計上した除去費用の費用配分

| （減 価 償 却 費） | 307,462 | （減価償却累計額） | 307,462* |

*　$(1,800,000円 + 44,772円) \times \dfrac{1年}{6年} = 307,462円$

⑶　将来キャッシュ・フローの見積額減少による資産除去債務の調整

資産除去債務を計上した×1年4月1日における割引率を用います。

| （資産除去債務） | 1,880 | （機 械 装 置） | 1,880* |

*　(44,772円 + 2,238円) − 57,600円 × 0.7835 ≒ 1,880円（円未満四捨五入）

P/L　減価償却費：2,238円 + 307,462円 = 309,700円

B/S　機械装置：1,844,772円 − 1,880円 = 1,842,892円

B/S　資産除去債務：44,772円 + 2,238円 − 1,880円 = 45,130円

B/S　減価償却累計額：307,462円

この問題のポイントはこれ!!

▶　見積り変更時に適用する割引率を理解しているか？

将来キャッシュ・フローの見積りの変更	適用する割引率
増加する場合	**見積り変更時点**の割引率 （増加部分に乗じる）
減少する場合	**負債計上時**の割引率 （減少部分に乗じる）

理論問題

解答

ア	イ	ウ
通常の使用	法律上の義務	減価償却費

解説

　資産除去債務に関する用語について問う問題です。

1．資産除去債務とは、有形固定資産の取得、建設、開発または（**通常の使用**）によって発生し、有形固定資産の除去に関して法令または契約で要求される（**法律上の義務**）等をいう。

2．計上された資産除去債務に対応する利息費用は損益計算書上、当該資産除去債務に関連する有形固定資産の（**減価償却費**）と同じ区分に表示する。

　　　　ファイナンス・リース取引①

解答

損　益　計　算　書
自×1年 4 月 1 日　至×2年 3 月31日
（単位：円）
⋮

Ⅲ　販売費及び一般管理費

（減 価 償 却 費）　　　　　（　　166,902　）
⋮

Ⅴ　営 業 外 費 用

（支 払 利 息）　　　　　（　　22,140　）

貸　借　対　照　表
×2年 3 月31日　　　　　　　（単位：円）

	⋮	Ⅰ　流 動 負 債	
Ⅱ　固 定 資 産		リース債務（流動）（　183,130）	
リース資産（　743,760)		⋮	
減価償却累計額（△166,902)（　576,858)		Ⅱ　固 定 負 債	
		リース債務（固定）（　382,770）	

解説

備品A

1　リース取引の判定

　5 年×75％＝3.75年 ＜ 4 年 → ファイナンス・リース取引
　経済的　　　　　　　　リース
　耐用年数　　　　　　　期間

　また、所有権移転条項があるので、「所有権移転ファイナンス・リース取引」に

該当します。

2 契約時

借手側で貸手の購入価額が明らかなので、貸手の購入価額を取得価額とします。

（リース資産） 380,770 （リース債務） 380,770

3 リース料支払時

（リース債務） 92,380^{*1} （現金など） 100,000
（支払利息） 7,620^{*2}

* 1 リース債務：100,000円×(3.8077−2.8839)＝92,380円
  2％、4年 2％、3年

* 2 支払利息：100,000円−92,380円＝7,620円

4 減価償却

　所有権移転ファイナンス・リース取引の場合、自己所有の固定資産と同一の方法により、経済的耐用年数にわたって減価償却を行います。

（減価償却費） 76,154 （減価償却累計額） 76,154

　減価償却費：380,770円÷5年＝76,154円

5 貸借対照表の表示

　一年基準により、1年以内は「リース債務（流動）」として、1年超は「リース債務（固定）」として計上します。

　リース債務（流動）：100,000円×(2.8839−1.9416)＝94,230円
　2％、3年 2％、2年

　リース債務（固定）：100,000円×1.9416＝194,160円
　2％、2年

備品B

1 リース取引の判定

　5年×75％＝3.75年 ＜ 4年 → ファイナンス・リース取引
　経済的耐用年数　　　リース期間

　また、所有権移転条項がないので、「所有権移転外ファイナンス・リース取引」に該当します。

CH
03

リース会計

2 契約時

「貸手の購入価額」と「リース料総額の割引現在価値」とを比較し、いずれか低い額を取得価額とします。

$$\text{(リース資産)} \quad 362{,}990^* \quad \text{(リース債務)} \quad 362{,}990$$

  *   リース料総額の割引現在価値：100,000円×3.6299＝362,990円
                4％、4年

   362,990円 ＜ 371,710円 ∴362,990円

B/S リース資産：380,770円＋362,990円＝743,760円
       備品A   備品B

3 リース料支払時

$$\text{(リース債務)} \quad 85{,}480^{*1} \quad \text{(現金など)} \quad 100{,}000$$
$$\text{(支払利息)} \quad 14{,}520^{*2}$$

  *1   100,000円×(3.6299－2.7751)＝85,480円
         4％、4年 4％、3年

  *2   100,000円－85,480円＝14,520円

P/L 支払利息：7,620円＋14,520円＝22,140円
      備品A   備品B

4 減価償却

所有権移転外ファイナンス・リース取引の場合、リース期間にわたって減価償却を行います。

$$\text{(減価償却費)} \quad 90{,}748 \quad \text{(減価償却累計額)} \quad 90{,}748$$

  減価償却費：362,990円÷4年≒90,748円

P/L 減価償却費＆ B/S 減価償却累計額：76,154円＋90,748円＝166,902円
              備品A   備品B

5 貸借対照表の表示

一年基準により、1年以内は「リース債務（流動）」として、1年超は「リース債務（固定）」として計上します。

  リース債務（流動）：100,000円×(2.7751－1.8861)＝88,900円
             4％、3年 4％、2年

  リース債務（固定）：100,000円×1.8861＝188,610円
             4％、2年

B/S	リース債務（流動）：94,230円 + 88,900円 = 183,130円

備品A　　備品B

B/S	リース債務（固定）：194,160円 + 188,610円 = 382,770円

備品A　　備品B

この問題のポイントはこれ!!

① **ファイナンス・リース取引の要件を理解しているか？**

　以下の**両方**を満たすこと。

　・要件①：解約不能（ノンキャンセラブル）

　・要件②：フルペイアウト

　　　└→ 以下の**いずれか**を満たすこと ◀ **本問はこの要件を判定**

　　　　(1) 現在価値基準：リース料総額の現在価値が、見積現金購入価額のおおむね
90%以上

　　　　(2) 経済的耐用年数基準：解約不能のリース期間が、経済的耐用年数のおおむね
75%以上 ◀ **本問はこっち**

② **所有権移転の判定を理解しているか？**

　・借手への所有権移転条項がある。

　・借手に割安購入選択権がある。

　・リース物件が借手のための特別仕様である。

　上記の**いずれか**を満たす⇒所有権**移転**ファイナンス・リース取引 ◀ **備品A**

　　　どれも満たさない⇒所有権**移転外**ファイナンス・リース取引 ◀ **備品B**

③ **リース資産の計上価額の計算方法を理解しているか？**

	貸手の購入価額が明らか	貸手の購入価額が明らか でない
所有権移転 ファイナンス・リース	貸手の購入価額 ◀ **備品A**	・見積現金購入価額 ・リース料総額の割引現在 　価値 のいずれか低い方
所有権移転外 ファイナンス・リース	・貸手の購入価額 ・リース料総額の割引現在 　価値 のいずれか低い方 ◀ **備品B**	

④ **所有権移転外ファイナンス・リース取引の減価償却方法を理解しているか？**

　・耐用年数：リース期間

　・残存価額：ゼロ

ファイナンス・リース取引②

損 益 計 算 書
自×3年4月1日 至×4年3月31日

(単位：円)

⋮

Ⅲ 販売費及び一般管理費

（減 価 償 却 費） （   13,500 ）

⋮

Ⅴ 営 業 外 費 用

（支 払 利 息） （   3,240 ）

貸 借 対 照 表
×4年3月31日 (単位：円)

Ⅰ 流 動 資 産			Ⅰ 流 動 負 債	
現 金 預 金 （ 84,416)			リース債務（流動）（ 13,085)	
⋮			⋮	
Ⅱ 固 定 資 産			Ⅱ 固 定 負 債	
リース資産（ 54,000)			リース債務（固定）（ 28,571)	
減価償却累計額（△ 13,500)（ 40,500)				

解説

1 リース取引の判定

本契約は、リース期間終了後、貸手に機械を返却するため、所有権移転外ファイナンス・リース取引に該当します。

2 リース資産の計上金額

所有権移転外ファイナンス・リース取引について、貸手の購入価額が明らかでない場合には、「見積現金購入価額」と「リース料総額の割引現在価値」のいずれか低い価額を取得価額相当額とします。

① リース料総額の割引現在価値：

$$\frac{15,584円}{1.06} + \frac{15,584円}{1.06^2} + \frac{15,584円}{1.06^3} + \frac{15,584円}{1.06^4} \fallingdotseq 54,000円$$

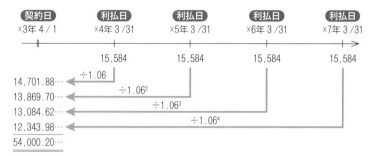

② 見積現金購入価額：55,000円

③ ①54,000円 ＜ ②55,000円 ∴54,000円

取引開始時（処理済み）

（リース資産）	54,000	（リース債務）	54,000

前T/B リース資産 & 前T/B リース債務：54,000円

リース料の支払い（未処理）

（支払利息）	❶ 3,240	（現金預金）	❸ 15,584
（リース債務）	❷ 12,344*		

* リース債務返済額：15,584円 － 3,240円 ＝ 12,344円

支払リース料　利息分

B/S 現金預金：100,000円 － 15,584円 ＝ 84,416円

支払額

P/L 支払利息：54,000円 × 6 ％ ＝ 3,240円

減価償却

所有権移転外ファイナンス・リース取引なので、残存価額は 0 円、耐用年数はリース期間として減価償却を行います。

（減価償却費）	13,500	（減価償却累計額）	13,500

P/L 減価償却費 & B/S リース資産減価償却累計額：54,000円 ÷ 4 年 ＝ 13,500円

リース期間

6 **リース債務の流動固定分類**

一年基準により、1年以内は「リース債務（流動)」として、1年超は「リース債務（固定)」として計上します。

（リース債務）	41,656	（リース債務(流動))	❹ 13,085
		（リース債務(固定))	❺ 28,571

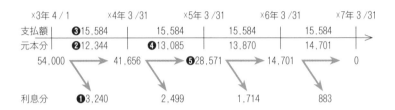

	×3年4/1	×4年3/31	×5年3/31	×6年3/31	×7年3/31
支払額	❸15,584	15,584	15,584	15,584	
元本分	❷12,344	❹13,085	13,870	14,701	
	54,000	41,656	❺28,571	14,701	0
利息分	❶3,240	2,499	1,714	883	

この問題のポイントはこれ!!

① **所有権移転の判定を理解しているか？**

・借手への所有権移転条項がある

・借手に割安購入選択権がある

・リース物件が借手のための特別仕様である

　上記の**いずれか**満たす⇒所有権**移転**ファイナンス・リース取引

　　どれも満たさない⇒所有権**移転外**ファイナンス・リース取引　◀**本問はこっち**

② **リース資産の計上価額の計算方法を理解しているか？**

	貸手の購入価額が明らか	貸手の購入価額が明らかでない
所有権移転 ファイナンス・リース	貸手の購入価額	・見積現金購入価額 ・リース料総額の割引現在価値 のいずれか低い方
所有権移転外 ファイナンス・リース	・貸手の購入価額 ・リース料総額の割引現在価値 のいずれか低い方	◀**本問はこっち**

③ **所有権移転外ファイナンス・リース取引の減価償却方法を理解しているか？**

・耐用年数：リース期間

・残存価額：ゼロ

セール・アンド・リースバック取引

解答

損 益 計 算 書
自×3年4月1日 至×4年3月31日
(単位:円)

⋮

Ⅲ 販売費及び一般管理費

(減 価 償 却 費)　　　(　　18,000)

⋮

Ⅴ 営 業 外 費 用

(支 払 利 息)　　　　(　　 3,949)

貸 借 対 照 表
×4年3月31日
(単位:円)

Ⅰ 流 動 資 産		Ⅰ 流 動 負 債	
現 金 預 金 (129,974)		リース債務(流動)(26,304)	
⋮		⋮	
Ⅱ 固 定 資 産		Ⅱ 固 定 負 債	
リース資産 (78,974)		長期前受収益 (5,983)	
減価償却累計額(△ 20,991)(57,983)		リース債務(固定)(27,619)	

解説

　リース取引(セール・アンド・リースバック)に関する問題です。通常のファイナンス・リース取引と異なり、長期前払費用または長期前受収益が発生し、減価償却費に影響を及ぼします。

1 セール・アンド・リースバック取引(未処理)

　所有権移転ファイナンス・リース取引であり、貸手の購入価額は売却価額として明らかであるため、当該金額がリース資産計上額となります。また、セール・アンド・リースバック取引(ファイナンス・リース取引)から生じる売却損益は、原則として長期前払費用または長期前受収益として処理します。

（備品減価償却累計額）	90,000	（備　　　　　品）	160,000
（現　金　預　金）	78,974*1	（長 期 前 受 収 益）	8,974*2
（リ ー ス 資 産）	78,974*1	（リ ー ス 債 務）	78,974

* 1　売却価額＝貸手の購入価額

* 2　貸借差額

2　リース料の支払い（未処理）

　支払リース料から支払利息を差し引いた金額をリース債務の返済額として処理します。

（支　払　利　息）	❶ 3,949*1	（現　金　預　金）	❸ 29,000
（リ ー ス 債 務）	❷ 25,051*2		

* 1　78,974円×5.0%≒3,949円（円未満四捨五入）

* 2　リース債務返済額：29,000円－3,949円＝25,051円
　　　　　　　　　　　支払リース料　利息分

B/S　現金預金：80,000円＋78,974円－29,000円＝129,974円

3　減価償却

　セール・アンド・リースバック取引から生じた長期前払費用または長期前受収益は期間配分し、その取崩額は減価償却費の調整額とします。

（1）リース資産の減価償却

（減 価 償 却 費）	20,991*	（リース資産減価償却累計額）	20,991

*　（78,974円－16,000円）÷ 3 年≒20,991円（円未満四捨五入）
　　　　　　　　残存価額

（2）長期前受収益の取崩しおよび減価償却費の調整

（長 期 前 受 収 益）	2,991	（減 価 償 却 費）	2,991*

*　8,974円÷ 3 年≒2,991円（円未満四捨五入）
　長期前受収益

P/L　減価償却費：20,991円－2,991円＝18,000円

B/S　長期前受収益：8,974円－2,991円＝5,983円

4 リース債務の流動固定分類

　リース債務はその返済時期に応じて一年基準により流動負債または固定負債に分類します。

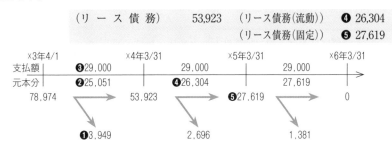

（リース債務）　　53,923　　（リース債務(流動)）　❹ 26,304
　　　　　　　　　　　　　　　（リース債務(固定)）　❺ 27,619

(参考) リース債務の返済スケジュール（単位：円）

返　済　日	期首元本	リース料	支払利息 (期首元本×利率)	元本返済額 (リース料−支払利息)	リース債務残高 (期首元本−返済額)
×4年3月31日	78,974	29,000	3,949	25,051	53,923
×5年3月31日	53,923	29,000	2,696	26,304	27,619
×6年3月31日	27,619	29,000	1,381	27,619	－
合　　　計	－	87,000	8,026	78,974	－

この問題のポイントはこれ!!

▶　セール・アンド・リースバック取引における売却損益の取扱いを理解しているか？

売却損益	前払い・前受け	損益計上
売却損	長期前払費用	減価償却費に加算
売却益	長期前受収益	減価償却費から減算

リース取引（総合問題）

①	×3年度における損益計算書上の支払リース料	140,000	円
②	×3年度末におけるリース資産の貸借対照表価額	775,081	円
③	×3年度末におけるリース債務の貸借対照表価額	820,278	円

解説

1　リース取引の判定

　リース期間がリース物件の耐用年数の75％以上の場合にはファイナンス・リース取引、75％未満の場合にはオペレーティング・リース取引と判定します。

　　機械A：6年÷8年＝75％　≧　75％　→　ファイナンス・リース取引

　　機械B：5年÷6年≒83％　＞　75％　→　ファイナンス・リース取引

　　機械C：4年÷9年≒44％　＜　75％　→　オペレーティング・リース取引

　ファイナンス・リース取引は売買取引に準じて、オペレーティング・リース取引は賃貸借取引に準じて処理します。

2　所有権移転外ファイナンス・リース取引の処理（機械A・B）

(1)　リース資産の貸借対照表価額（機械A・B）

　資料2より所有権移転外ファイナンス・リース取引に該当するので、残存価額0円、リース期間で減価償却します。

　① 機械A

　　取得原価：943,578円

　　減価償却累計額：943,578円÷6年×3年＝471,789円
　　　　　　　　　　　　　　　　　　経過年数

　　貸借対照表価額：943,578円－471,789円＝471,789円

　② 機械B

　　取得原価：505,488円

減価償却累計額：505,488円 ÷ 5 年 ≒ 101,098円

101,098円 × 2 年 = 202,196円

経過年数

貸借対照表価額：505,488円 − 202,196円 = 303,292円

∴リース資産の貸借対照表価額：471,789円 + 303,292円 = 775,081円

機械A 機械B

(2) リース債務の貸借対照表価額（機械A・B）

　売却取引に準じて処理する機械A・Bに対する未経過リース料の割引現在価値がリース債務の貸借対照表価額となります。

　本問では各リース取引の計算利子率が与えられていませんが、現金購入価額と支払リース料から年金現価係数を計算し、年金現価係数表から、計算利子率を算定します。

① 機械A

年金現価係数：943,578円 ÷ 180,000円 = 5.2421

期間 6 年で、利子率年 4 ％の年金現価係数と一致 → 計算利子率は 4 ％

貸借対照表価額：180,000円 × 2.7751 = 499,518円

残り期間 3 年、

利子率年 4 ％の

年金現価係数

② 機械B

年金現価係数：505,488円 ÷ 120,000円 = 4.2124

期間 5 年で、利子率年 6 ％の年金現価係数と一致 → 計算利子率は 6 ％

貸借対照表価額：120,000円 × 2.6730 = 320,760円

残り期間 3 年、

利子率年 6 ％の

年金現価係数

∴リース債務の貸借対照表価額：499,518円 + 320,760円 = 820,278円

機械A 機械B

3 オペレーティング・リース取引の処理（機械C）

　賃貸借取引に準じて処理する機械Cの年間リース料140,000円が損益計算書上の支払リース料に該当します。

P/L 支払リース料：140,000円

① **ファイナンス・リース取引の要件を理解しているか？**

　　以下の**両方**を満たすこと。

・要件①：解約不能（ノンキャンセラブル）

・要件②：フルペイアウト　◀━**本問はこの要件を判定**

　　┗━▶ 以下の**いずれか**を満たすこと
　　　　(1)　現在価値基準：リース料総額の現在価値が、見積現金購入価額のおおむね
　　　　　　　　　　　　　　　　　90％以上
　　　　(2)　経済的耐用年数基準：解約不能のリース期間が、経済的耐用年数のおおむね
　　　　　　　　　　　　　　　　75％以上　◀━**本問はこっち**

② **所有権移転の判定を理解しているか？**

・借手への所有権移転条項がある。

・借手に割安購入選択権がある。

・リース物件が借手のための特別仕様である。

　　上記の**いずれか**を満たす⇒所有権**移転**ファイナンス・リース取引

　　　　どれも満たさない⇒所有権**移転外**ファイナンス・リース取引　◀━**本問はこっち**

③ **年金現価係数表から計算利子率を推定できたか？**

　Step1　年金現価係数を推定する

　　　　年金現価係数＝現金購入価額÷支払リース料

　Step2　利子率を推定する

　　　　年金現価係数表から一致する年金現価係数を探す

理論問題

解答

ア	イ	ウ
見積現金購入価額	90	経済的耐用年数

エ
売却損益

解説

リース会計に関する用語などについて問う問題です。

1. 所有権移転外ファイナンス・リース取引の場合で、かつ、貸手の購入価額等が不明の場合には、リース料総額の現在価値と（ **見積現金購入価額** ）のいずれか低い方の金額をリース資産計上価額とする。

2. リース料総額の現在価値が、見積現金購入価額の概ね（ **90** ）％以上になる場合、または、解約不能のリース期間が、（ **経済的耐用年数** ）の概ね75％以上の場合には、ファイナンス・リース取引となる。

3. セール・アンド・リースバック取引によって生じた（ **売却損益** ）は長期前受収益または長期前払費用で処理し、減価償却と同時に耐用年数にわたって実現させる。

解答

損　益　計　算　書
自×10年4月1日　至×11年3月31日
（単位：千円）

$\vdots$

Ⅲ　販売費及び一般管理費

　　減 価 償 却 費　　　　　　（　　268,875　）

$\vdots$

Ⅶ　特 別 損 失

　　減 損 損 失　　　　　　　（　　132,300　）

貸　借　対　照　表
×11年3月31日　　　　　　　　（単位：千円）

建　　　　物	（　3,746,250）	
減価償却累計額	（△1,147,500）	（　2,598,750）
備　　　　品	（　2,001,450）	
減価償却累計額	（△　308,250）	（　1,693,200）

解説

　本問は、減損会計に関する問題です。減損会計は、減損の兆候の有無、減損損失の認識の判定、減損損失の測定という順番で行います。

1　減価償却

　通常の減価償却の仕訳を行います。

　　建物減価償却費：3,825,000千円×0.9÷30年＝114,750千円

　　備品減価償却費：2,055,000千円×0.9÷12年＝154,125千円

		(単位：千円)
（減 価 償 却 費）	268,875	（建物減価償却累計額） 114,750
		（備品減価償却累計額） 154,125

P/L 減価償却費：114,750千円 + 154,125千円 = 268,875千円
　　　　　　　　　　建物　　　　　　備品

B/S 建物減価償却累計額：1,032,750千円 + 114,750千円 = 1,147,500千円

B/S 備品減価償却累計額：154,125千円 + 154,125千円 = 308,250千円

2 減損会計

1．資産グループ α

(1) 減損の兆候の有無

　　減損の兆候あり → 減損損失の認識の判定を行います

(2) 減損損失の認識の判定

　① 帳簿価額合計：840,000千円^{*1} + 510,000千円^{*2} = 1,350,000千円
　　　　　　　　　　　　建物　　　　　　　　備品

　② 割引前将来CF総額：1,417,500千円

　③ ① ＜ ② → 減損損失を認識しない

　＊1　1,200,000千円 − 1,200,000千円 × 0.9 ÷ 30年 × 10年(×1年4月〜×11年3月)
　　　　= 840,000千円

　＊2　600,000千円 − 600,000千円 × 0.9 ÷ 12年 × 2年(×9年4月〜×11年3月)
　　　　= 510,000千円

2．資産グループ β

(1) 減損の兆候の有無

　　減損の兆候あり → 減損損失の認識の判定を行います

(2) 減損損失の認識の判定

　① 帳簿価額合計：525,000千円^{*1} + 357,000千円^{*2} = 882,000千円
　　　　　　　　　　　　建物　　　　　　　　備品

　② 割引前将来CF総額：825,000千円

　③ ① ＞ ② → 減損損失を認識する

　＊1　750,000千円 − 750,000千円 × 0.9 ÷ 30年 × 10年(×1年4月〜×11年3月)
　　　　= 525,000千円

　＊2　420,000千円 − 420,000千円 × 0.9 ÷ 12年 × 2年(×9年4月〜×11年3月)
　　　　= 357,000千円

(3) 減損損失の測定

① 回収可能価額：749,700千円＞606,900千円 → 749,700千円
　　　　　　　　　　　　使用価値　　　　正味売却価額

② $\boxed{\text{P/L}}$ 減損損失：882,000千円－749,700千円＝132,300千円
　　　　　　　　　　　　帳簿価額　　　回収可能価額

3 減損損失の配分

減損損失を帳簿価額にもとづいて、各資産に配分します。

（単位：千円）

（減　損　損　失）	132,300	（建　　物）	78,750[*1]
		（備　　品）	53,550[*2]

＊1　$132{,}300千円 \times \dfrac{建物525{,}000千円}{建物525{,}000千円 + 備品357{,}000千円} = 78{,}750千円$

＊2　$132{,}300千円 \times \dfrac{備品357{,}000千円}{建物525{,}000千円 + 備品357{,}000千円} = 53{,}550千円$

$\boxed{\text{B/S}}$ 建物：3,825,000千円－78,750千円＝3,746,250千円

$\boxed{\text{B/S}}$ 備品：2,055,000千円－53,550千円＝2,001,450千円

この問題のポイントはこれ!!

▶ 減損の手順を理解しているか？

　Step1 減損の兆候の有無の判定

　・有り⇒認識の判定へ（ Step2 へ）

　・無し⇒減損処理を行わない

　Step2 減損損失の認識の判定

　・帳簿価額＞割引前将来ＣＦ総額⇒測定へ（ Step3 へ）

　・帳簿価額≦割引前将来ＣＦ総額⇒減損処理を行わない

　Step3 減損損失の測定

　減損損失＝帳簿価額－回収可能価額

　　　　　　　┗→正味売却価額と使用価値のいずれか高い金額

減損会計②

解答

| 936 | 円 |

解説

　減損損失の認識と測定に関する問題です。

　割引前将来キャッシュ・フローの見積期間は、資産または資産グループ中の主要な資産の経済的残存使用年数と20年のいずれか短いほうになります。

1 減損の認識の判定

　割引前将来キャッシュ・フローの総額を算定します。20年を超える将来キャッシュ・フローについては、20年経過時点の回収可能価額を算定し、20年目までの割引前将来キャッシュ・フローに加算します。

(1) 割引前将来キャッシュ・フロー

$1,500$円$+70$円$\times(0.9524+0.9070+0.8638+0.8227+0.7835)+50$円$\times 0.7835$

$≒1,842$円

(2) 帳簿価額：2,000円

(3) (1)1,842円 ＜ (2)2,000円 → 減損損失を認識する

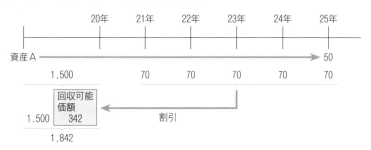

2 減損損失の測定

　使用価値を算定する際には、経済的残存使用年数に生じる将来キャッシュ・フローのすべてを割り引いて、現在価値を計算します。

(1) 正味売却価額

  1,000円

(2) 使用価値

  $935円 + 70円 \times (0.3589 + 0.3418 + 0.3256 + 0.3101 + 0.2953) + 50円 \times 0.2953$

  $\fallingdotseq 1,064円$

(3) 回収可能価額

  (1) ＜ (2) → 1,064円

(4) 減損損失

  $\underset{\text{帳簿価額}}{2,000円} - \underset{\text{回収可能価額}}{1,064円} = 936円$

この問題のポイントはこれ!!

① **割引前将来キャッシュ・フロー総額の見積期間を理解しているか？**

  資産または主要な資産の経済的残存使用年数　or　20年

  ⇒いずれか**短い**方が見積期間

② **割引前将来キャッシュ・フロー総額の計算方法を理解しているか？**

  ・経済的残存使用年数が20年を超えない場合

  ⇒経済的残存使用年数までの割引前将来キャッシュ・フロー

  　＋経済的残存使用年数経過時点の**正味売却価額**

  ・経済的残存使用年数が20年を超える場合

  ⇒20年目までの割引前将来キャッシュ・フロー

  　＋20年経過時点の**回収可能価額** ◀━**本問はこっち**

  　　└▶ 21年目以降に見込まれる割引前将来キャッシュ・フロー
  　　　＋経済的残存使用年数経過時点の正味売却価額の割引額

CH
04

解答

（単位：千円）

借方科目	金　額	貸方科目	金　額
減　損　損　失	170,050	建　　　　　　物	74,500
		備　　　　　　品	24,300
		の　　れ　　ん	71,250

解説

　本問は、のれんがある場合の減損処理に関する問題です。

　「より大きな単位」で減損損失を認識する場合であっても、まずは資産または資産グループごとに減損処理を行います。そして、のれん（共用資産）を含む「より大きな単位」で減損処理を行います。

1　のれんの分割

A事業：$120,000千円 \times \dfrac{570,000千円}{570,000千円 + 390,000千円} = 71,250千円$

B事業：$120,000千円 \times \dfrac{390,000千円}{570,000千円 + 390,000千円} = 48,750千円$

2　各資産グループの減損損失の認識と測定

（1）**資産グループα**

$\underset{帳簿価額}{162,400千円} > \underset{割引前将来CF}{140,500千円}$ → 減損損失を認識する

減損損失：$\underset{帳簿価額}{162,400千円} - \underset{回収可能価額}{128,800千円} = 33,600千円$

（2）**資産グループβ**

$\underset{帳簿価額}{264,600千円} < \underset{割引前将来CF}{279,900千円}$ → 減損損失を認識しない

(1) 減損損失の認識

① のれんを含めた場合の帳簿価額

$$162,400千円 + 264,600千円 + 517,800千円 + 71,250千円 = 1,016,050千円$$
　　資産グループa　　資産グループβ　　資産グループγ　　A事業に配分
　　　　　　　　　　　　　　　　　　　　　　　　　　　　されたのれん

② 割引前将来キャッシュ・フロー

970,848千円

③ ① ＞ ② → 減損損失を認識する

(2) 減損損失の測定

$$1,016,050千円 - 846,000千円 = 170,050千円$$
　　　帳簿価額　　　　回収可能価額

(3) のれんを加えることによる減損損失増加額

$$170,050千円 - 33,600千円 = 136,450千円$$
　　　　　　　　資産グループa
　　　　　　　　の減損損失

4 のれんを加えることによる減損損失増加額の配分

(1) のれんへの優先配分

$$71,250千円 < 136,450千円 → 71,250千円$$
　　帳簿価額　　　のれんを加えることに
　　　　　　　　　よる減損損失増加額

(2) 超過額の各資産グループへの配分

減損損失増加額がのれんの帳簿価額を超過しているため、その超過額を帳簿価額を基準に各資産に配分します。

超過額：$136,450千円 - 71,250千円 = 65,200千円$

$$資産グループ\beta：65,200千円 \times \frac{264,600千円}{264,600千円 + 517,800千円} = 22,050千円$$

$$資産グループ\gamma：65,200千円 \times \frac{517,800千円}{264,600千円 + 517,800千円} = 43,150千円$$

5 仕訳処理

各資産グループへの配分額を各資産の帳簿価額にもとづいて配分します。

(1) **資産グループα**

建物：$33,600千円 \times \dfrac{121,800千円}{121,800千円 + 40,600千円} = 25,200千円$

備品：$33,600千円 \times \dfrac{40,600千円}{121,800千円 + 40,600千円} = 8,400千円$

(2) **資産グループβ**

建物：$22,050千円 \times \dfrac{200,400千円}{200,400千円 + 64,200千円} = 16,700千円$

備品：$22,050千円 \times \dfrac{64,200千円}{200,400千円 + 64,200千円} = 5,350千円$

(3) **資産グループγ**

建物：$43,150千円 \times \dfrac{391,200千円}{391,200千円 + 126,600千円} = 32,600千円$

備品：$43,150千円 \times \dfrac{126,600千円}{391,200千円 + 126,600千円} = 10,550千円$

（単位：千円）

（減　損　損　失）	170,050	（建　　　　物）	74,500[*1]
		（備　　　　品）	24,300[*2]
		（の　　れ　　ん）	71,250

＊1　$25,200千円 + 16,700千円 + 32,600千円 = 74,500千円$
　　　資産グループα　資産グループβ　資産グループγ

＊2　$8,400千円 + 5,350千円 + 10,550千円 = 24,300千円$
　　　資産グループα　資産グループβ　資産グループγ

この問題のポイントはこれ!!

▶ **のれんがある場合の減損会計の手順を理解しているか？**

Step1 のれんの分割

Step2 のれんに係る資産のグルーピング

(1) のれんを含む**より大きな単位**でグルーピングを行う方法（原則）◀ **本問はこっち**

Step3－(1) 資産または資産グループごとの減損処理

（のれんがない場合と同様）

Step4－(1) のれんを含むより大きな単位の減損処理

Step5－(1) のれんを加えることによって増加した減損損失の配分

┗▶ 原則、のれんに配分する。ただし、のれんの帳簿価額
の超過分は各資産に配分

(2) のれんの帳簿価額を各資産または資産グループに**配分する**方法（容認）

Step3－(2) のれんの帳簿価額の配分

Step4－(2) のれん配分後の各資産または資産グループの減損処理

減損会計④

解答

減損損失控除後のA資産グループの備品の帳簿価額

$$\boxed{6,500 \text{ 千円}}$$

損益計算書に記載される減損損失の額

$$\boxed{5,250 \text{ 千円}}$$

解説

　本問は、のれんがある場合の減損処理に関する問題です。

　「のれんの帳簿価額を各資産グループに配分する方法」で減損損失を認識する場合が問われています。

1 のれん配分前のA資産グループ全体の帳簿価額の算定

⑴ 備品（リース資産）の帳簿価額

① リース資産の減価償却費

$$10,000千円 \div \underset{\text{リース期間}}{4 \text{ 年}} = 2,500千円$$

② 備品（リース資産）の帳簿価額

$$\underset{\text{リース資産計上額}}{10,000千円} - \underset{\text{減価償却費}}{2,500千円} = 7,500千円$$

⑵ のれん配分前のA資産グループ全体の帳簿価額

$$\underset{\text{建物}}{22,500千円} + \underset{\text{備品（リース資産）}}{7,500千円} = 30,000千円$$

(1) **A資産グループ**

$$30,000千円 + \underset{1,250千円}{\underline{5,000千円 \times 25\%}} = 31,250千円$$

(2) **B資産グループ**

$$40,000千円 + \underset{2,750千円}{\underline{5,000千円 \times 55\%}} = 42,750千円$$

(3) **C資産グループ**

$$75,000千円 + \underset{1,000千円}{\underline{5,000千円 \times 20\%}} = 76,000千円$$

3 **各資産グループごとの減損損失の認識の判定および測定**

　Cグループには減損の兆候が把握されていないため、Cグループ以外の資産グループの減損損失の認識の判定を行います。

(1) **A資産グループ**

① 減損損失の認識

(ⅰ) 帳簿価額：31,250千円

(ⅱ) 割引前将来キャッシュ・フロー：30,500千円

(ⅲ) (ⅰ)＞(ⅱ) → 減損損失を認識する

② 減損損失の測定

(ⅰ) 回収可能価額：26,000千円

∴ 減損損失合計：31,250千円 − 26,000千円 = 5,250千円

(2) **B資産グループ**

① 減損損失の認識

(ⅰ) 帳簿価額：42,750千円

(ⅱ) 割引前将来キャッシュ・フロー：50,000千円

(ⅲ) (ⅰ)＜(ⅱ) → 減損損失を認識しない

4 **配分後のA資産グループにおける減損損失の配分**

　各資産グループについて認識された減損損失は、のれんに優先的に配分し、残額は帳簿価額にもとづく比例配分等の合理的な方法により、当該資産グループの各構成資産に配分します。

① のれんの減損損失

5,250千円＞1,250千円　∴1,250千円
　減損損失　　のれん配分額

② Ａ資産グループの減損損失

5,250千円－1,250千円＝4,000千円

③ 各資産への配分

建物：$4,000千円 \times \dfrac{22,500千円}{22,500千円 + 7,500千円} = 3,000千円$

備品（リース資産）：$4,000千円 \times \dfrac{7,500千円}{22,500千円 + 7,500千円} = 1,000千円$

（単位：千円）

（減　損　損　失）	5,250	（建　　　　　物）	3,000
		（備　　　　　品）	1,000
		（の　　れ　　ん）	1,250

5 **減損損失控除後のＡ資産グループの備品の帳簿価額**

7,500千円－1,000千円＝6,500千円
備品の帳簿価額　　減損損失

この問題のポイントはこれ!!

▶　**のれんがある場合の減損会計の手順を理解しているか？**

　Step1　のれんの分割

　Step2　のれんに係る資産のグルーピング

（1）のれんを含む**より大きな単位**でグルーピングを行う方法（原則）

　　Step3 －(1)　資産または資産グループごとの減損処理

　　　　　　　　（のれんがない場合と同様）

　　Step4 －(1)　のれんを含むより大きな単位の減損処理

　　Step5 －(1)　のれんを加えることによって増加した減損損失の配分

（2）のれんの帳簿価額を各資産または資産グループに**配分する**方法（容認）◀ **本問はこっち**

　　Step3 －(2)　のれんの帳簿価額の配分

　　Step4 －(2)　のれん配分後の各資産または資産グループの減損処理

　　　　　　└▶のれんに**優先的**に配分

CH
04

固定資産の減損会計

減損会計⑤

解答

損 益 計 算 書
自×4年4月1日 至×5年3月31日
(単位：千円)

⋮

Ⅲ 販売費及び一般管理費
　　減 価 償 却 費　　　　　　　　（　207,600　）

⋮

Ⅶ 特 別 損 失
　　減 損 損 失　　　　　　　　　　（　477,000　）

貸 借 対 照 表
×5年3月31日　　　　　　　（単位：千円）

建　　　　物	（　5,470,500）	
減価償却累計額	（△1,782,600）	（　3,687,900）
備　　　　品	（　1,677,500）	
減価償却累計額	（△　517,500）	（　1,160,000）
土　　　　地		（　5,325,000）

解説

本問は共用資産がある場合の減損処理に関する問題です。

共用資産を含む、より大きな単位で減損の認識を行う場合、認識された減損損失は共用資産に優先的に配分されます。減損損失を各資産グループおよび共用資産に配分する際は、減損損失配分後の帳簿価額が回収可能価額を下回らないように注意します。

1 減価償却

通常の減価償却を行います。

（単位：千円）

| （減　価　償　却　費） | 207,600 | （建物減価償却累計額） | 102,600*1 |
| | | （備品減価償却累計額） | 105,000*2 |

* 1　5,700,000千円×0.9÷50年＝102,600千円

* 2　1,750,000千円×0.9÷15年＝105,000千円

P/L 減価償却費：102,600千円 ＋ 105,000千円 ＝ 207,600千円
　　　　　　　　　　 建物　　　　　 備品

B/S 建物減価償却累計額：1,680,000千円＋102,600千円＝1,782,600千円

B/S 備品減価償却累計額：412,500千円＋105,000千円＝517,500千円

2 減損会計

　減損の兆候がある場合、減損損失の認識の判定、減損損失の測定という順で減損会計を行います。また、各資産グループで減損会計を行ったうえで、より大きな単位での減損会計を行います。

(1) 各資産グループ（減損の兆候あり）

① 減損損失の認識の判定

Lグループ：240,000千円 ＞ 229,000千円 → 減損損失を認識する
　　　　　　　帳簿価額　　　　割引前将来CF

Mグループ：400,000千円 ＜ 500,000千円 → 減損損失を認識しない
　　　　　　　帳簿価額　　　　割引前将来CF

② 減損損失の測定

Lグループ：240,000千円 － 168,000千円 ＝ 72,000千円
　　　　　　　帳簿価額　　　　回収可能価額

(2) より大きな単位（減損の兆候あり）

① 減損損失の認識の判定

2,390,000千円 ＞ 2,250,000千円 → 減損損失を認識する
　帳簿価額　　　　割引前将来CF

② 減損損失の測定

2,390,000千円 － 1,913,000千円 ＝ 477,000千円
　帳簿価額　　　　回収可能価額

③ 共用資産を加えることによる減損損失増加額

477,000千円 － 72,000千円 ＝ 405,000千円
　　　　　　　　 Lグループの
　　　　　　　　 減損損失

(3) 共用資産を加えることによる減損損失増加額の配分

① 共用資産への優先配分

$$1,000,000千円 - 825,000千円 = 175,000千円$$
　　　　帳簿価額　　　回収可能価額

$$405,000千円 > 175,000千円 → 超過額：405,000千円 - 175,000千円 = 230,000千円$$
共用資産を
加えることによる
減損損失増加額

② 超過額の各資産グループへの配分

$$Mグループ：230,000千円 \times \frac{400,000千円}{400,000千円 + 750,000千円} = 80,000千円$$

$$Nグループ：230,000千円 \times \frac{750,000千円}{400,000千円 + 750,000千円} = 150,000千円$$

3 減損損失の配分

(1) Lグループ

$$建物：72,000千円 \times \frac{215,000千円}{215,000千円 + 25,000千円} = 64,500千円$$

$$備品：72,000千円 \times \frac{25,000千円}{215,000千円 + 25,000千円} = 7,500千円$$

(2) Mグループ

$$建物：80,000千円 \times \frac{300,000千円}{300,000千円 + 100,000千円} = 60,000千円$$

$$備品：80,000千円 \times \frac{100,000千円}{300,000千円 + 100,000千円} = 20,000千円$$

(3) Nグループ

$$建物：150,000千円 \times \frac{525,000千円}{525,000千円 + 225,000千円} = 105,000千円$$

$$備品：150,000千円 \times \frac{225,000千円}{525,000千円 + 225,000千円} = 45,000千円$$

（4）　**共用資産**

土地：175,000千円

（単位：千円）

（減　損　損　失）	477,000	（建	物）	229,500[*1]
		（備	品）	72,500[*2]
		（土	地）	175,000[*3]

* 1　$\underset{\text{Lグループ}}{64,500千円} + \underset{\text{Mグループ}}{60,000千円} + \underset{\text{Nグループ}}{105,000千円} = 229,500千円$

* 2　$\underset{\text{Lグループ}}{7,500千円} + \underset{\text{Mグループ}}{20,000千円} + \underset{\text{Nグループ}}{45,000千円} = 72,500千円$

* 3　$\underset{\text{共用資産}}{175,000千円}$

B/S 建物：5,700,000千円 − 229,500千円 = 5,470,500千円

B/S 備品：1,750,000千円 − 72,500千円 = 1,677,500千円

B/S 土地：5,500,000千円 − 175,000千円 = 5,325,000千円

この問題のポイントはこれ!!

▶　**共用資産がある場合の減損会計の手順を理解しているか？**

Step1 共用資産に係る資産のグルーピング

（1）　共用資産を含む**より大きな単位**でグルーピングを行う方法（原則）◀ **本問はこっち**

　　Step2 −(1)　資産または資産グループごとの減損処理

　　　　　　　　（共用資産がない場合と同様）

　　Step3 −(1)　共用資産を含むより大きな単位の減損処理

　　Step4 −(1)　共用資産を加えることによって増加した減損損失の配分

　　　　　　└→ 原則、共用資産に配分する。ただし、共用資産の帳簿
　　　　　　　　　価額と正味売却価額の差額の超過分は各資産に配分

（2）　共用資産の帳簿価額を各資産または資産グループに**配分する**方法（容認）

　　Step2 −(2)　共用資産の帳簿価額の配分

　　Step3 −(2)　共用資産配分後の各資産または資産グループの減損処理

減損会計❻

解答

損　益　計　算　書（一部）
自×5年 4 月 1 日　至×6年 3 月31日
（単位：千円）

⋮

Ⅲ　販売費及び一般管理費

減 価 償 却 費　　　　　　（　　124,560　）

⋮

Ⅶ　特　別　損　失

減 損 損 失　　　　　　　（　　105,600　）

貸　借　対　照　表（一部）
×6年 3 月31日　　　　（単位：千円）

建　　　　　物	（　3,368,400）	
減価償却累計額	（△1,069,560）	（　2,298,840）
備　　　　　品	（　1,044,000）	
減価償却累計額	（△　310,500）	（　　733,500）
土　　　　　地		（　3,252,000）

解説

　共用資産がある場合の固定資産の減損に関する問題です。本問では、共用資産の帳簿価額を各資産グループに配分する方法が問われています。

1 減価償却

（単位：千円）

（減 価 償 却 費）	61,560[*1]	（建物減価償却累計額）	61,560
（減 価 償 却 費）	63,000[*2]	（備品減価償却累計額）	63,000

＊ 1　3,420,000千円×0.9÷50年＝61,560千円

＊ 2　1,050,000千円×0.9÷15年＝63,000千円

$\boxed{\text{B/S}}$ 建物減価償却累計額：1,008,000千円 + 61,560千円 = 1,069,560千円

$\boxed{\text{B/S}}$ 備品減価償却累計額：247,500千円 + 63,000千円 = 310,500千円

2 共用資産（土地）配分後の各グループの帳簿価額

⑴ Aグループ

$$144,000千円 + \underset{120,000千円}{\underline{600,000千円 \times 20\%}} = 264,000千円$$

⑵ Bグループ

$$240,000千円 + \underset{180,000千円}{\underline{600,000千円 \times 30\%}} = 420,000千円$$

⑶ Cグループ

$$450,000千円 + \underset{300,000千円}{\underline{600,000千円 \times 50\%}} = 750,000千円$$

3 共用資産配分後の減損処理

　Cグループには減損の兆候が把握されていないため、Cグループ以外の資産グループの減損損失の認識の判定を行います。

⑴ Aグループ

① 減損損失の認識

（ⅰ）帳簿価額：264,000千円

（ⅱ）割引前将来キャッシュ・フロー：206,100千円

（ⅲ）（ⅰ）＞（ⅱ）→ 減損損失を認識する

② 減損損失の測定

（ⅰ）回収可能価額：158,400千円

∴ 減損損失合計：264,000千円 − 158,400千円 = 105,600千円

⑵ Bグループ

① 減損損失の認識

（ⅰ）帳簿価額：420,000千円

（ⅱ）割引前将来キャッシュ・フロー：450,000千円

（ⅲ）（ⅰ）＜（ⅱ）→ 減損損失を認識しない

Ａグループの帳簿価額の比率により配分します。

共用資産：$105,600$千円 $\times \dfrac{\text{共用資産配分額}120,000\text{千円}}{\text{共用資産配分後のＡグループの帳簿価額}264,000\text{千円}}$

$= 48,000$千円

建　　物：$105,600$千円 $\times \dfrac{\text{建物}129,000\text{千円}}{\text{共用資産配分後のＡグループの帳簿価額}264,000\text{千円}}$

$= 51,600$千円

備　　品：$105,600$千円 $\times \dfrac{\text{備品}15,000\text{千円}}{\text{共用資産配分後のＡグループの帳簿価額}264,000\text{千円}}$

$= 6,000$千円

（単位：千円）

（減　損　損　失）	105,600	（建　　　　物）	51,600
		（備　　　　品）	6,000
		（土　　　　地）	48,000

B/S 建物：$3,420,000$千円 $- 51,600$千円 $= 3,368,400$千円

B/S 備品：$1,050,000$千円 $- 6,000$千円 $= 1,044,000$千円

B/S 土地：$3,300,000$千円 $- 48,000$千円 $= 3,252,000$千円

この問題のポイントはこれ!!

▶　**共用資産がある場合の減損会計の手順を理解しているか？**

Step1 共用資産に係る資産のグルーピング

(1)　共用資産を含むより**大きな単位**でグルーピングを行う方法（原則）

Step2 −(1)　資産または資産グループごとの減損処理

（共用資産がない場合と同様）

Step3 −(1)　共用資産を含むより大きな単位の減損処理

Step4 −(1)　共用資産を加えることによって増加した減損損失の配分

(2)　共用資産の帳簿価額を各資産または資産グループに**配分する**方法（容認）◀ 本問はこっち

Step2 −(2)　共用資産の帳簿価額の配分

Step3 −(2)　共用資産配分後の各資産または資産グループの減損処理

└▶ 帳簿価額などの基準で配分

解答

損　益　計　算　書

（単位：千円）

⋮

Ⅶ　特　別　損　失

　　減　損　損　失　　　　　　（　　　61,550　）

貸　借　対　照　表　　　　　（単位：千円）

建　　　物	（　1,188,992)		
減価償却累計額	(△　720,000)	（　468,992)	
機　　　械	（　922,928)		
減価償却累計額	(△　421,200)	（　501,728)	
の　れ　ん	（　105,030)		

解説

　減損会計の総合的な問題です。「兆候 → 認識の判定 → 測定」、あるいは「各資産グループでの減損 → より大きな単位での減損」というように解答の順番が大事な論点です。解答に至るまでの過程を頭に描きながら、挑みましょう。

1　のれんの分割

事業X：142,500千円 × $\dfrac{562,500千円}{562,500千円 + 375,000千円}$ ＝ 85,500千円

事業Y：142,500千円 × $\dfrac{375,000千円}{562,500千円 + 375,000千円}$ ＝ 57,000千円

2　各資産グループの認識の判定（減損の兆候あり）

(1)　減損損失の認識の判定

　資産グループ中に主要な資産（本問では機械）以外の構成資産（本問では建物）が存在する場合、主要な資産の経済的残存使用年数経過時点における構成資産の正

味売却価額を割引前将来キャッシュ・フローに加算します。

資産グループB：105,000千円 ＞ 95,550千円[*1] → 減損損失を認識する
　　　　　　　　帳簿価額　　　　割引前将来CF

*1　14,700千円 ＋ 14,700千円 ＋ 14,700千円 ＋ 14,700千円 ＋ 36,750千円[*2]
　　　1年後　　　　2年後　　　　3年後　　　　4年後　　　　5年後
　　＝95,550千円

*2　14,700千円 ＋ 14,250千円 ＋ 7,800千円 ＝ 36,750千円
　　　　　　　　5年後の建物　　5年後の機械
　　　　　　　　正味売却価額　　正味売却価額

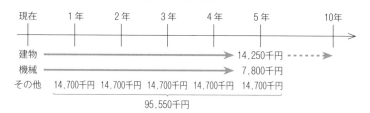

(2) 減損損失の測定

資産グループB：105,000千円 － 80,920千円[*3] ＝ 24,080千円
　　　　　　　　帳簿価額　　　　回収可能価額

*3　回収可能価額：80,920千円[*4] ＞ 73,800千円[*5] → 80,920千円
　　　　　　　　　　使用価値　　　　正味売却価額

*4　$\dfrac{14{,}700千円}{1.05} + \dfrac{14{,}700千円}{1.05^2} + \dfrac{14{,}700千円}{1.05^3} + \dfrac{14{,}700千円}{1.05^4} + \dfrac{36{,}750千円^{*2}}{1.05^5}$
　　≒80,920千円

*5　現在の正味売却価額：33,900千円 ＋ 39,900千円 ＝ 73,800千円
　　　　　　　　　　　　　　建物　　　　　機械

3　より大きな単位（減損の兆候あり）

(1) 減損損失の認識の判定

より大きな単位：300,000千円[*6] ＞ 298,210千円 → 減損損失を認識する
　　　　　　　　帳簿価額　　　　割引前将来CF

*6　帳簿価額：138,000千円 ＋ 105,000千円 ＋ 57,000千円 ＝ 300,000千円
　　　　　　　資産グループA　資産グループB　　のれん

(2) 減損損失の測定

より大きな単位：300,000千円[*6] － 238,450千円 ＝ 61,550千円
　　　　　　　　帳簿価額　　　　回収可能価額

P/L 減損損失：61,550千円

(3) のれんを加えることによる減損損失増加額

61,550千円 － 24,080千円 ＝ 37,470千円
　　　　　　資産グループBの
　　　　　　減損損失

146

4 のれんを加えることによる減損損失増加額の配分

のれんへの優先配分：57,000千円 ＞ 37,470千円 → 超過額： 0千円
　　　　　　　　　帳簿価額

5 減損損失の配分

（単位：千円）

（減　損　損　失）	61,550	（建	物）	11,008*7
		（機	械）	13,072*8
		（の　れ　ん）		37,470

$*7$　減損損失24,080千円 × $\dfrac{\text{建物帳簿価額48,000千円}}{\text{資産グループB帳簿価額合計105,000千円}}$

　　　$=11,008$千円

$*8$　減損損失24,080千円 × $\dfrac{\text{機械帳簿価額57,000千円}}{\text{資産グループB帳簿価額合計105,000千円}}$

　　　$=13,072$千円

B/S 建物：1,200,000千円－11,008千円＝1,188,992千円

B/S 機械：936,000千円－13,072千円＝922,928千円

B/S のれん：142,500千円－37,470千円＝105,030千円

▶ 減損損失の認識の判定における構成資産の取扱いを理解しているか？

・構成資産の経済的残存使用年数が主要資産より**長い**場合

(1)**主要資産の経済的残存使用年数が20年を超えない**場合　◀**本問はこっち**

⇒構成資産の回収可能価額（通常は、**正味売却価額**）を主要資産の経済的残存使用年数時点の**割引前将来キャッシュ・フロー**に加算

(2)**主要資産の経済的残存使用年数が20年を超える**場合

⇒構成資産の**回収可能価額を21年目以降に見込まれる将来キャッシュ・フロー**に加算

・構成資産の経済的残存使用年数が主要資産より**短い**場合

(1)**構成資産の経済的残存使用年数が20年を超えない**場合

⇒構成資産の**経済的残存使用年数時点の正味売却価額**を主要資産の経済的残存使用年数までの**割引前将来キャッシュ・フロー**に加算

(2)**構成資産の経済的残存使用年数が20年を超える**場合

⇒構成資産の**経済的残存使用年数時点の正味売却価額を21年目以降に見込まれる将来キャッシュ・フロー**に加算

CHAPTER 04 — ❽／8問

理論問題

解答

ア	イ	ウ
割引前	帳簿価額	使用価値

エ
共用資産

解説

固定資産の減損会計に関する用語について問う問題です。

1. 減損の兆候がある資産または資産グループについては、資産または資産グループから得られる（ **割引前** ）将来キャッシュフローの総額が（ **帳簿価額** ）を下回る場合に減損損失を認識する。

2. 減損会計において回収可能価額とは、資産または資産グループの正味売却価額と（ **使用価値** ）のいずれか高い方の金額である。

3. 複数の資産または資産グループの将来キャッシュフローの生成に寄与する資産のうち、のれん以外のものを（ **共用資産** ）という。

　無形固定資産

解答

損　益　計　算　書
自×12年1月1日　至×12年12月31日
(単位：円)

⋮

Ⅲ　販売費及び一般管理費
　1.（のれん償却額）　　　　（　　　　6,000　）
　2.（商標権償却）　　　　　（　　　14,400　）

⋮

営　業　利　益　　　　　×　×　×

貸　借　対　照　表
×12年12月31日　　　　　　　　（単位：円）

⋮

（の　　れ　　ん）（　　108,000）
（商　標　権）（　　124,800）

⋮

解説

　無形固定資産は、残存価額を0円とした定額法で償却を行います。また、無形固定資産は償却額を取得原価から直接控除します。

1 のれん

のれんの最長償却期間は20年です。

（の れ ん 償 却 額）	6,000	（の れ ん）	6,000

P/L のれん償却額：114,000円 ÷ （20年 − 1 年）＝6,000円
　　　　　　　　　前T/B　　　　　　過年度償却年数

B/S のれん：114,000円 − 6,000円 ＝ 108,000円

2 商標権

（商 標 権 償 却）	14,400	（商 標 権）	14,400

P/L 商標権償却：139,200円 × $\dfrac{12か月}{116か月（×12年 1 月～×21年 8 月）}$ ＝ 14,400円
　　　　　　　　　前T/B

B/S 商標権：139,200円 − 14,400円 ＝ 124,800円

この問題のポイントはこれ!!

▶ **無形固定資産の減価償却方法を理解しているか？**

・償却方法：定額法
・残存価額：ゼロ
・記帳方法：直接法

繻延資産

損 益 計 算 書
自×5年4月1日　至×6年3月31日
（単位：千円）

⋮

Ⅲ　販売費及び一般管理費

⋮

開 発 費 償 却　　　　（　　14,400　）

⋮

Ⅴ　営 業 外 費 用

創 立 費 償 却　　　　（　　　4,300　）

開 業 費 償 却　　　　（　　12,000　）

株 式 交 付 費 償 却　（　　　2,700　）

社 債 発 行 費 償 却　（　　　1,100　）

⋮

営 業 利 益　　　　　　　　×××

貸 借 対 照 表
×6年3月31日　　　　　　　　（単位：千円）

⋮

Ⅲ　繻 延 資 産

創 立 費　（　　　4,300）

開 業 費　（　　18,000）

株 式 交 付 費　（　　21,600）

社 債 発 行 費　（　　　3,700）

開 発 費　（　　45,600）

⋮

本問は繰延資産に関する問題です。

繰延資産は、資産科目ごとに最長償却期間が決まっています。この最長償却期間は覚えておく必要があります。

1　決算整理前残高試算表の空欄推定

繰延資産に該当する株式交付費は、繰延資産の性格から、企業規模の拡大のためにする資金調達等の財務活動（組織再編の対価として株式を交付する場合を含む）に係る費用を前提としているため、株式の分割や株式の無償割当等に係る費用は繰延資産に該当せず、支出時に費用として処理します。この場合には、営業外費用または販売費及び一般管理費に計上します。

繰延資産の対象となる株式交付費：24,300千円
　　　　　　　　　　　　資金調達目的の
　　　　　　　　　　　　新株発行の
　　　　　　　　　　　　ための支出

2　決算整理仕訳

(1)　創立費

（単位：千円）

（創 立 費 償 却）	4,300	（創　　立　　費）	4,300

P/L　創立費償却：$8{,}600千円 \times \dfrac{12か月 \text{(×5年4月〜×6年3月)}}{24か月 \text{(×5年4月〜×7年3月)}} = 4{,}300千円$

B/S　創立費：$8{,}600千円 - 4{,}300千円 = 4{,}300千円$

(2)　開業費

（単位：千円）

（開 業 費 償 却）	12,000	（開　　業　　費）	12,000

P/L　開業費償却：$30{,}000千円 \times \dfrac{12か月 \text{(×5年4月〜×6年3月)}}{30か月 \text{(×5年4月〜×7年9月)}} = 12{,}000千円$

B/S　開業費：$30{,}000千円 - 12{,}000千円 = 18{,}000千円$

(3) **株式交付費**

(単位：千円)

| （株式交付費償却） | 2,700 | （株 式 交 付 費） | 2,700 |

P/L 株式交付費償却：$24,300千円 \times \dfrac{4 \, か月 \, （×5年12月～×6年3月）}{36 \, か月 \, （×5年12月～×8年11月）} = 2,700千円$

B/S 株式交付費：$24,300千円 - 2,700千円 = 21,600千円$

(4) **社債発行費**

(単位：千円)

| （社債発行費償却） | 1,100 | （社 債 発 行 費） | 1,100 |

P/L 社債発行費償却：$4,800千円 \times \dfrac{11 \, か月 \, （×5年5月～×6年3月）}{48 \, か月 \, （×5年5月～×9年4月）} = 1,100千円$

B/S 社債発行費：$4,800千円 - 1,100千円 = 3,700千円$

(5) **開発費**

(単位：千円)

| （開 発 費 償 却） | 14,400 | （開　発　費） | 14,400 |

P/L 開発費償却：$60,000千円 \times \dfrac{12 \, か月 \, （×5年4月～×6年3月）}{50 \, か月 \, （×5年4月～×9年5月）} = 14,400千円$

B/S 開発費：$60,000千円 - 14,400千円 = 45,600千円$

この問題のポイントはこれ!!

▶ **繰延資産の償却期間と償却費のP/L表示を理解しているか？**

- 創立費：5年以内⇒営業外費用
- 開業費：5年以内⇒営業外費用（または販売費及び一般管理費）
- 開発費：5年以内⇒**販売費及び一般管理費（または売上原価）**
- 株式交付費：**3年以内**⇒営業外費用
- 社債発行費等：**社債の償還期間内**⇒営業外費用

（新株予約権の発行のための費用は3年以内に定額法により償却）

ソフトウェア①

解答

損 益 計 算 書
自×3年4月1日　至×4年3月31日
（単位：千円）

$$\vdots$$

Ⅲ　販売費及び一般管理費
 1．ソフトウェア償却　　　　　（　　24,296　）

$$\vdots$$

営 業 利 益　　　　　　　　×××

貸 借 対 照 表
×4年3月31日　　　　　　　　（単位：千円）

$$\vdots$$

ソ フ ト ウ ェ ア（　　24,296)

$$\vdots$$

解説

　本問は、市場販売目的のソフトウェアに関する問題です。

　ソフトウェアを無形固定資産として資産計上した場合、市場販売目的のソフトウェアの取得原価は見込販売数量や見込販売収益などにもとづいて償却します。

1 ×2年度のソフトウェア償却

　見込販売数量をもとにソフトウェア償却を計上します。見込販売数量にもとづく償却額が残存有効期間にもとづく均等配分額を下回る場合は、均等配分額がソフトウェア償却となります。

（単位：千円）

（ソフトウェア償却）　　26,408[*1]　（ソフトウェア）　　26,408

＊1　①　見込販売数量にもとづく償却額：75,000千円 × $\dfrac{5,000個}{14,200個}$

$≒26,408$千円

②　残存有効期間にもとづく均等配分額：75,000千円 ÷ 3 年

$＝25,000$千円

③　① ＞ ② → 26,408千円

2 ×3年度のソフトウェア償却

見込販売数量にもとづく償却額が残存有効期間にもとづく均等配分額を下回るので、残存有効期間にもとづく均等配分額がソフトウェア償却となります。

(単位：千円)

(ソフトウェア償却)　　　24,296^{＊2}　(ソフトウェア)　　　24,296

＊2　①　見込販売数量にもとづく償却額：

$(75,000$千円 $- 26,408$千円$^{＊1})$

$× \dfrac{実績販売数量3,400個}{期首における変更前の見込販売数量(5,400個＋3,800個)}$

$≒17,958$千円

②　残存有効期間にもとづく均等配分額：

$(75,000$千円 $- 26,408$千円$^{＊1}) ÷ (3 年 - 1 年) ＝ 24,296$千円

③　① ＜ ② → 24,296千円

B/S　ソフトウェア：75,000千円 $-$ 26,408千円 $-$ 24,296千円 ＝ 24,296千円
　　　　　　　　　　　　　　　　×2年度償却　　×3年度償却

この問題のポイントはこれ!!

▶　**市場販売目的のソフトウェアの償却方法(見込販売数量を基準)を理解しているか？**

(1)　見込販売数量にもとづく償却額

当期首未償却残高 × $\dfrac{当期の実績販売数量}{当期首の見込販売数量}$ ◀

(2)　残存有効期間にもとづく均等配分額

当期首未償却残高 ÷ 残存有効期間 ◀

いずれか**大きい**額

　　　　　　　　ソフトウェア②

問1　見込販売数量を基準に償却を行っている場合

損　益　計　算　書
自×9年4月1日　至×10年3月31日
（単位：千円）
︙
Ⅲ　販売費及び一般管理費
1．ソフトウェア償却　　　　（　　65,800　）
︙
営　業　利　益　　　　×　×　×

貸　借　対　照　表
×10年3月31日　　　　　　　（単位：千円）
︙
ソ フ ト ウ ェ ア（　34,200）
︙

問2　見込販売収益を基準に償却を行っている場合

損　益　計　算　書
自×9年4月1日　至×10年3月31日
（単位：千円）
︙
Ⅲ　販売費及び一般管理費
1．ソフトウェア償却　　　　（　　76,845　）
︙
営　業　利　益　　　　×　×　×

$$\text{貸 借 対 照 表}$$
$$×10年 3 月31日 \qquad (単位:千円)$$

$$\vdots$$

ソ フ ト ウ ェ ア （　　　11,680）

$$\vdots$$

解説

　本問は、市場販売目的のソフトウェアに関する問題です。

　見込販売数量と見込販売収益のどちらを基準に償却を行っても、計上されるソフトウェア償却は、残存有効期間にもとづく均等配分額が下限となります。

問1　見込販売数量を基準に償却を行っている場合

1 ×8年度のソフトウェア償却

$$(単位:千円)$$

（ソフトウェア償却）	$50,000^{*1}$	（ソフトウェア）	50,000

* 1　①　見込販売数量にもとづく償却額：

$$150,000千円 \times \frac{40,000枚}{128,000枚} = 46,875千円$$

　　②　残存有効期間にもとづく均等配分額：

$$150,000千円 \div 3 年 = 50,000千円$$

　　③　① ＜ ② → 50,000千円

2 ×9年度のソフトウェア償却

　通常の償却実施後の未償却残高が次期以降の見込販売収益を超過した場合、その超過額はソフトウェア償却に含めて費用処理します。

$$(単位:千円)$$

（ソフトウェア償却）	$65,800^{*2}$	（ソフトウェア）	65,800

* 2　$56,818千円^{*3} + 8,982千円^{*4} = 65,800千円$

* 3　①　見込販売数量にもとづく償却額：

$$(150,000千円 - 50,000千円^{*1}) \times \frac{50,000枚}{50,000枚 + 38,000枚}$$

$$\fallingdotseq 56,818千円$$

158

② 残存有効期間にもとづく均等配分額：

$(150,000千円 - 50,000千円^{*1}) \div (3年 - 1年) = 50,000千円$

③ ① > ② → 56,818千円

* 4 $\underset{\substack{\text{通常の償却実施後} \\ \text{の未償却残高}}}{43,182千円^{*5}} - \underset{\substack{×10年度 \\ 見込販売収益}}{34,200千円} = 8,982千円$

* 5 $150,000千円 - 50,000千円^{*1} - 56,818千円^{*3} = 43,182千円$

B/S ソフトウェア：$150,000千円 - \underset{\text{×8年度償却}}{50,000千円} - \underset{\text{×9年度償却}}{65,800千円} = 34,200千円$

問2　見込販売収益を基準に償却を行っている場合

1　×8年度のソフトウェア償却

（単位：千円）

（ソフトウェア償却）　　　$61,475^{*1}$　（ソフトウェア）　　　61,475

* 1 ① 見込販売収益にもとづく償却額：

$150,000千円 \times \dfrac{180,000千円}{439,200千円} ≒ 61,475千円$

② 残存有効期間にもとづく均等配分額：

$150,000千円 \div 3年 = 50,000千円$

③ ① > ② → 61,475千円

2　×9年度のソフトウェア償却

（単位：千円）

（ソフトウェア償却）　　　$76,845^{*2}$　（ソフトウェア）　　　76,845

* 2 ① 見込販売収益にもとづく償却額：

$(150,000千円 - 61,475千円^{*1}) \times \dfrac{225,000千円}{225,000千円 + 34,200千円}$

$≒ 76,845千円$

② 残存有効期間にもとづく均等配分額：

$(150,000千円 - 61,475千円^{*1}) \div (3年 - 1年) ≒ 44,263千円$

③ ① > ② → 76,845千円

B/S ソフトウェア：$150,000千円 - \underset{\text{×8年度償却}}{61,475千円} - \underset{\text{×9年度償却}}{76,845千円} = 11,680千円$

▶ **市場販売目的のソフトウェアの償却方法を理解しているか？**

(1) 見込販売数量（見込販売収益）にもとづく償却額

当期首未償却残高 × $\dfrac{\text{当期の実績販売数量（実績販売収益）}}{\text{当期首の見込販売数量（見込販売収益）}}$

(2) 残存有効期間にもとづく均等配分額

当期首未償却残高 ÷ 残存有効期間

いずれか
大きい額

ソフトウェア③

解答

問1　×7年度　ソフトウェア償却　 | 30,000 | 円

問2　×8年度　ソフトウェア償却　 | 60,000 | 円

解説

　　自社利用目的のソフトウェアを無形固定資産として資産計上した場合、原則とし
て5年以内を利用可能期間として、償却されます。

1　×5年度のソフトウェア償却

　　ソフトウェア償却：150,000円 ÷ 5年 = 30,000円

| （ソフトウェア償却） | 30,000 | （ソフトウェア） | 30,000 |

　　ソフトウェア：150,000円 − 30,000円 × 　1年 = 120,000円
　　　　　　　　　　　　　　　　　　　　　　経過年数

2　×6年度のソフトウェア償却

　　ソフトウェア償却：120,000円 ÷ 4年 = 30,000円

| （ソフトウェア償却） | 30,000 | （ソフトウェア） | 30,000 |

　　ソフトウェア：150,000円 − 30,000円 × 　2年 = 90,000円
　　　　　　　　　　　　　　　　　　　　　　経過年数

3　問1　×7年度のソフトウェア償却

変更前の残存利用可能期間（3年）をもとに、ソフトウェアを償却します。

　　ソフトウェア償却：90,000円 ÷ 3年 = 30,000円

| （ソフトウェア償却） | 30,000 | （ソフトウェア） | 30,000 |

　　ソフトウェア：150,000円 − 30,000円 × 　3年 = 60,000円
　　　　　　　　　　　　　　　　　　　　　　経過年数

変更後の残存利用可能期間（1年）をもとに、ソフトウェアを償却します。

ソフトウェア償却：60,000円 ÷ 1 年 = 60,000円
　　　　　　　　　　　　　変更後の残存耐用年数

（ソフトウェア償却）　　　60,000　（ソフトウェア）　　　　60,000

この問題のポイントはこれ!!

▶ 　自社利用目的のソフトウェアの利用可能期間の変更の処理を理解しているか？

・当期**首**に変更：当期から変更**後**の残存利用可能期間で計算する。

・当期**末**に変更：当期は変更**前**の残存利用可能期間で計算する。　　◀**本問はこっち**

ソフトウェア④

解答

(1) 収益の計上

(単位：千円)

借方科目	金額	貸方科目	金額
契　約　資　産	1,500	売　　　　　　上	1,500

(2) 原価の計上

(単位：千円)

借方科目	金額	貸方科目	金額
売　上　原　価	1,200	未　　払　　金	1,200

解説

　本問は受注制作のソフトウェアの問題です。原価比例法による進捗度の見積りを行い、それにもとづいて当期の収益および原価の額を計上します。

1 収益の計上

　取引価格に進捗度を掛けた金額を売上として収益計上します。相手勘定には、契約資産を計上します。

(単位：千円)

　　　　　（契　約　資　産）　　1,500　（売　　　　上）　　1,500*

* 　進捗度：1,200千円÷4,000千円×100＝30％

　　5,000千円×30％＝1,500千円
　　　取引価格　　　進捗度

2 原価の計上

　実際発生原価を売上原価として費用計上します。相手勘定には、未払金を計上します。

(単位：千円)

　　　　　（売　上　原　価）　　1,200*　（未　払　金）　　1,200

* 　当期実際発生原価1,200千円

▶ソフトウェアの会計処理の違いを理解しているか?

研究開発目的のソフトウェア	発生時に研究開発費	
受注制作のソフトウェア	**収益認識に応じて処理**	←**本問はこっち**
市場販売目的のソフトウェア	ソフトウェアとして計上し償却	
自社利用のソフトウェア	ソフトウェアとして計上し償却	

　　　　　　　　引当金

解答

損　益　計　算　書

自×4年 4 月 1 日　至×5年 3 月31日

（単位：円）

⋮

Ⅲ　販売費及び一般管理費

1．賞　　　　　与　　　　（　　　25,080　）

2．（賞与引当金繰入）　　（　　　13,200　）

3．（役員賞与引当金繰入）（　　　27,900　）

⋮

営　業　利　益　　　　　　×　×　×

貸　借　対　照　表

×5年 3 月31日　　　　　　（単位：円）

現　金　預　金	（2,000,000）	賞 与 引 当 金	（　13,200）
		役員賞与引当金	（　27,900）

解説

　本問は賞与引当金および役員賞与引当金に関する問題です。

　賞与引当金または役員賞与引当金を設定してある場合は、賞与または役員賞与を支給するときに、賞与引当金または役員賞与引当金を取り崩します。また、賞与または役員賞与の支給が見込まれる場合、その見積額のうち、当期に対応する分を費用として計上します。

(1) **賞与**

前T/Bの賞与には、×4年6月10日支給の賞与のうち、当期に対応する分（2か月）と×4年12月10日に支給された賞与（全額）の合計が計上されています。

① 6/10支給分（処理済み）

（賞　与　引　当　金）	12,000	（現　金　預　金）	18,000
（賞　　　　　　　与）	6,000*		

$$* \quad 18,000円 \times \frac{2か月（×4年4月〜×4年5月）}{6か月（×3年12月〜×4年5月）} = 6,000円$$

② 12/10支給分（処理済み）

（賞　　　　　　　与）	19,080	（現　金　預　金）	19,080

前T/B 賞与：6,000円 ＋ 19,080円 ＝ 25,080円
　　　　　 6/10　　　　 12/10
　　　　　支給分　　　　支給分

(2) **役員賞与引当金**

役員賞与の当期支給分については、当期中において仮払金で処理されていることから、前T/Bの役員賞与引当金は前期において設定された金額が残っていることになります。

① 6/30支給分（処理済み）

（仮　　払　　金）	26,700	（現　金　預　金）	26,700

前T/B 役員賞与引当金：26,700円

役員賞与引当金を設定してある場合に、役員賞与を支給したときは役員賞与引当金を取り崩します。

（役員賞与引当金）	26,700	（仮　　払　　金）	26,700

役員賞与引当金：26,700円
　　　　　　　×4年6月30日
　　　　　　　支給分

決算整理仕訳

(1) **賞与引当金の設定**

（賞与引当金繰入）　　13,200　　（賞　与　引　当　金）　　13,200

$\boxed{\text{P/L}}$ 賞与引当金繰入 & $\boxed{\text{B/S}}$ 賞与引当金：

$$\underset{\substack{\text{×5年6月10日}\\\text{支給分}}}{19,800\text{円}} \times \frac{4\text{か月}\,(\text{×4年12月～×5年3月})}{6\text{か月}\,(\text{×4年12月～×5年5月})} = 13,200\text{円}$$

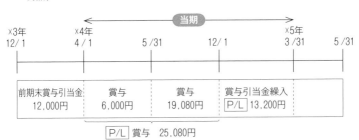

(2) **役員賞与引当金の設定**

（役員賞与引当金繰入）　　27,900　　（役員賞与引当金）　　27,900

$\boxed{\text{P/L}}$ 役員賞与引当金繰入 & $\boxed{\text{B/S}}$ 役員賞与引当金：27,900円
　　　　　　　　　　　　　　　　　　　　　　　×5年6月30日
　　　　　　　　　　　　　　　　　　　　　　　支給分

CH
07

引当金

この問題のポイントはこれ!!

① **賞与引当金の設定時の計算方法を理解しているか？**

見積支給額 × $\dfrac{\text{分母のうち当期に対応する部分}}{\text{支給対象期間}}$

② **本問における、賞与支給時の処理を理解しているか？**

・6月支給分：支給対象期間の前期部分⇒引当金を取り崩す
　　　　　　　支給対象期間の当期部分⇒**「賞与（費用）」**
・12月支給分：支給対象期間はすべて当期⇒**「賞与（費用）」**

理論問題

解答

ア	イ
負債性引当金	評価性引当金

解説

　引当金に関する用語について問う問題です。

　引当金には、負債の部に表示する（**負債性引当金**）と資産のマイナス項目である（**評価性引当金**）がある。

CHAPTER 08-❶／4問　　　　　　　　　退職給付会計①

解答

(1)	462,013	円
(2)	494,176	円
(3)	18,303	円
(4)	13,860	円

解説

　本問は、退職給付債務に関する問題です。

　退職給付債務とは、退職給付のうち認識時点までに発生していると認められる部分を現在価値に割り引いたものです。

1　退職給付債務

(1)　期首退職給付債務

$$600,000円 \times \frac{26年}{30年} = 520,000円$$

期首退職給付債務：$520,000円 \div (1 + 0.03)^4 \fallingdotseq 462,013円$

(2) **期末退職給付債務**

$$600{,}000円 \times \frac{27年}{30年} = 540{,}000円$$

期末退職給付債務：$540{,}000円 \div (1 + 0.03)^3 \fallingdotseq 494{,}176円$

2 勤務費用と利息費用

　勤務費用は労働の対価として当期に発生した退職給付であり、利息費用は期首退職給付債務が1年経過したことによる利息分です。

(1) **当期勤務費用**

$$600{,}000円 \times \frac{1年}{30年} = 20{,}000円$$

当期勤務費用：$20{,}000円 \div (1 + 0.03)^3 \fallingdotseq 18{,}303円$

(2) **当期利息費用**

$462{,}013円 \times 3\% \fallingdotseq 13{,}860円$

この問題のポイントはこれ!!

① 退職給付債務の計算方法を理解しているか？

Step1 退職給付見込額のうち当期末までの発生額の算定

$$\text{退職給付見込額のうち当期末までの発生額} = \text{退職給付見込額} \times \frac{\text{入社時から当期末までの勤務期間}}{\text{入社時から退職時までの勤務期間}}$$

Step2 当期末までの発生額の割引計算

$$\text{退職給付債務} = \text{退職給付見込額のうち当期末までの発生額} \times \frac{1}{(1+\text{割引率})^{\text{残存勤務期間}}}$$

② 勤務費用の計算方法を理解しているか？

Step1 退職給付見込額のうち当期の発生額の算定

$$\text{退職給付見込額のうち当期の発生額} = \text{退職給付見込額} \times \frac{1}{\text{入社時から退職時までの勤務期間}}$$

Step2 当期分の発生額の割引計算

$$\text{勤務費用} = \text{退職給付見込額のうち当期の発生額} \times \frac{1}{(1+\text{割引率})^{\text{残存勤務期間}}}$$

③ 利息費用の計算方法を理解しているか？

$$\text{利息費用} = \text{期首退職給付債務} \times \text{割引率}$$

CH
08

退職給付会計

退職給付会計②

損 益 計 算 書

自×7年4月1日　至×8年3月31日

(単位：円)

⋮

Ⅲ　販売費及び一般管理費

1．（退職給付費用）　　　（　　　86,400　）

⋮

営 業 利 益　　　　　　　×××

―――――――

貸 借 対 照 表

×8年3月31日　　　　　　　　（単位：円）

―――――――――――――――――――――――

　　　　　　　　　　｜　　　　　　　　⋮

　　　　　　　　　　｜（退職給付引当金）（　　423,900）

　　　　　　　　　　｜　　　　　　　　⋮

解説

　本問は、数理計算上の差異などがない退職給付会計の基本的な問題です。

　年金資産の残高と退職給付債務の差額が退職給付引当金を設定すべき金額となります。本問では、年金掛金の拠出と退職給付の支給が実施されています。それぞれ退職給付引当金に影響を及ぼしますが、退職給付の支給は一時金として支給したのか、年金から支給したのかにより処理の仕方が異なりますので、注意が必要です。

1　期首 T/B の空欄補充

期首T/B　退職給付引当金：675,000円－270,000円＝405,000円

(1) **勤務費用**

（退 職 給 付 費 用）	67,500	（退職給付引当金）	67,500

(2) **利息費用**

675,000円 × 4 ％ = 27,000円

（退 職 給 付 費 用）	27,000	（退職給付引当金）	27,000

(3) **期待運用収益**

270,000円 × 3 ％ = 8,100円

（退職給付引当金）	8,100	（退 職 給 付 費 用）	8,100

(4) **当期の退職給付費用**

$\boxed{\text{P/L}}$ 退職給付費用：67,500円 + 27,000円 − 8,100円 = 86,400円

(5) **年金掛金の拠出**

年金資産が増加しているので、退職給付引当金は減少します。

（退職給付引当金）	27,000	（現 金 な ど）	27,000

(6) **退職給付の支払い**

退職一時金を支給した場合は、退職給付債務が減少するので、退職給付引当金は減少します。

（退職給付引当金）	40,500	（現 金 な ど）	40,500

一方、年金資産から支給された場合は、年金資産と退職給付債務の両方が減少するため、退職給付引当金は増減しません。

仕 訳 な し

(7) **期末退職給付引当金**

$\boxed{\text{B/S}}$ 退職給付引当金：405,000円 + 86,400円 − 27,000円 − 40,500円 = 423,900円
　　　　　　　　　　　期首　　退職給付費用　掛金拠出　退職一時金

年　金　資　産

期首 270,000円	年金支給 13,500円
期待運用収益 8,100円	期末年金資産 291,600円
掛金拠出 27,000円	

退職給付債務

退職一時金 40,500円	期首 675,000円
年金支給 13,500円	勤務費用 67,500円
期末退職給付債務 715,500円	利息費用 27,000円

退 職 給 付 費 用

勤務費用 67,500円	期待運用収益 8,100円
利息費用 27,000円	P/L 退職給付費用 86,400円

退 職 給 付 引 当 金

期末年金資産 291,600円	期末退職給付債務 715,500円
B/S 退職給付引当金 423,900円	

この問題のポイントはこれ!!

① **退職給付引当金の計算方法を理解しているか？**

　　退職給付引当金＝期末退職給付債務－期末年金資産

② **退職給付費用の計算方法を理解しているか？**

　　退職給付費用＝勤務費用＋利息費用－期待運用収益

③ **期末退職給付債務と期末年金資産の計算方法を理解しているか？**

　　期末退職給付債務＝期首退職給付債務＋勤務費用＋利息費用－退職一時金
　　　　　　　　　　　－年金支給

　　期末年金資産＝期首年金資産＋期待運用収益＋年金掛金拠出－年金支給

退職給付会計③

損　益　計　算　書
自×6年4月1日　至×7年3月31日
(単位：円)

⋮

Ⅲ　販売費及び一般管理費

1.（退職給付費用）　　　　（　　　13,790　）

⋮

営　業　利　益　　　　　　　×××

貸　借　対　照　表
×7年3月31日　　　　　　　　　（単位：円）

⋮

（退職給付引当金）（　　25,420）

⋮

解説

　退職給付会計の差異を含んだ総合的な問題です。差異を含む場合、計算が複雑になりますが、解答に至る道筋はある程度パターン化されているため、慣れてくれば対応もしやすくなります。T勘定などを活用して、数値の拾いもれや計算ミスを防ぎましょう。

1　前T/Bの空欄補充

前T/B　退職給付引当金：443,000円－400,000円－8,800円－4,500円＝29,700円

×5年度末
退職給付債務

×5年度末
年金資産

×5年度末
未認識
過去勤務費用

×5年度末
未認識
数理計算上
の差異

×5年度末
退職給付引当金

(1) 期中仕訳

期中において年金基金への掛金拠出額の処理が誤っているので、修正仕訳を行います。

① 実際に行った仕訳

| （退職給付費用） | 18,070 | （現　金　預　金） | 18,070 |

退職給付費用：18,070円
年金基金への
掛金拠出額

② あるべき仕訳

勤務費用：12,000円

利息費用：443,000円× 3 ％＝13,290円
　　　　　×5年度末　　割引率
　　　　　退職給付債務

期待運用収益相当額：400,000円× 4 ％＝16,000円
　　　　　　　　　　×5年度末　　長期
　　　　　　　　　　年金資産　期待運用
　　　　　　　　　　　　　収益率

過去勤務費用処理額：8,800円÷ 2 年＝4,400円

未認識数理計算上の差異処理額：4,500円÷ 9 年＝500円

| （退職給付費用） | 14,190[*1] | （退職給付引当金） | 14,190 |
| （退職給付引当金） | 18,070 | （現　金　預　金） | 18,070 |

＊ 1　　12,000円＋13,290円－16,000円＋4,400円＋500円＝14,190円

③ 修正仕訳（②－①）

| （退職給付引当金） | 3,880 | （退職給付費用） | 3,880 |

(2) 通常の決算整理仕訳

① 未認識数理計算上の差異（×6年度発生分、退職給付債務）の費用処理

11,930円[*2]÷10年＝1,193円

② 未認識数理計算上の差異（×6年度発生分、年金資産）の費用処理

△15,930円[*3]÷10年＝△1,593円

| （退職給付引当金） | 400 | （退職給付費用） | 400 |

＊ 2　　480,220円－（443,000円＋13,290円＋12,000円）＝11,930円

＊ 3　　（400,000円＋16,000円＋18,070円）－450,000円＝△15,930円

CH
08

退職給付会計

退職給付費用

勤務費用　　　　 12,000円	期待運用収益　　　　 16,000円
利息費用　　　　 13,290円	償却分　　 400円
償却分　　 500円	
償却分　4,400円	

$\left.\begin{array}{c}\end{array}\right\}$ P/L　退職給付費用　13,790円

この問題のポイントはこれ!!

▶　**数理計算上の差異と過去勤務費用の会計処理を理解しているか？**

・費用処理の開始時期

　⇒数理計算上の差異：**発生年度または発生年度の翌年度から**

　⇒過去勤務費用：**発生年度から**（発生時一括費用処理も可）

・差異の償却

　・**借方**差異を償却する場合

　　⇒退職給付費用・退職給付引当金：**増加**

　・**貸方**差異を償却する場合

　　⇒退職給付費用・退職給付引当金：**減少**

　　　　　　　　　　　　理論問題

解答

ア	イ	ウ
後払い	期待運用収益	過去勤務費用
エ	オ	
退職給付費用	発生年度	

解説

退職給付会計に関する用語について問う問題です。

1. 退職給付は、従業員が提供した労働の対価として支払われる賃金の（**後払い**）としての性格がある。

2. 退職給付引当金の設定にあたって、勤務費用、利息費用、（**期待運用収益**）、数理計算上の差異および（**過去勤務費用**）に係る当期の費用処理は、（**退職給付費用**）として計上する。

3. 数理計算上の差異および（**過去勤務費用**）は、原則として、（**発生年度**）から費用処理を行う。

CH
08

退職給付会計

CHAPTER 09─❶／7問　　　　　　　　社債の償却原価法（利息法）

解答

問1

①	7,296 円
②	147,213 円

問2

損　益　計　算　書
自×4年1月1日　至×4年12月31日
（単位：円）
⋮

Ｖ　営 業 外 費 用
社 債 利 息　　　　　（　　　7,361 ）

貸　借　対　照　表
×4年12月31日　　　　　　　（単位：円）
⋮

Ⅱ　固 定 負 債
社　　　　債　　（　148,574）

解説

　本問は社債における償却原価法（利息法）に関する問題です。

　帳簿価額に実効利子率を掛けたものが社債利息の金額になります。なお、利息支払額は額面に券面利子率を掛けた金額となります。

1 [資料Ⅰ] の空欄推定

前T/B 社債利息：7,296円（後述）

前T/B 社債：147,213円（当期末償却原価、後述）

2 決算整理仕訳等

⑴ 利払日　（×3年12月31日、処理済み）

利息法では、利息計上時に償却額の計上を行います。

（社　債　利　息）	7,296	（現　金　預　金）	6,000
		（社　　　　　債）	1,296

社債利息：145,917円× 5 ％ ≒ 7,296円
<u>　　　　　　　　　　　　実効利子率</u>

現金預金（社債の支払利息）：150,000円× 4 ％ ＝ 6,000円
<u>　　　　　　　　　　　　　　券面利子率</u>

社債（償却）：7,296円 － 6,000円 ＝ 1,296円

前T/B 社債利息：7,296円

前T/B 社債：145,917円 ＋ 1,296円 ＝ 147,213円

⑵ 決算整理

利息法では、利息計上時（利払日）に償却額の計上を行っているので、決算整理仕訳は行いません。

仕　訳　な　し

利息および償却原価のスケジュール表（利払日を基準に計算を行います。）

年月日	利息配分額	利息支払額	償 却 額	帳簿価額 （償却原価）
×3年1月1日	－	－	－	145,917円
×3年12月31日	7,296円	6,000円	1,296円	147,213円
×4年12月31日	7,361円	6,000円	1,361円	148,574円
×5年12月31日	7,426円	6,000円	1,426円	150,000円
合計	22,083円	18,000円	4,083円	－

P/L 社債利息：7,361円

B/S 社債：148,574円

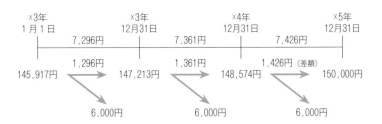

この問題のポイントはこれ!!

▶ **社債の償却原価法（利息法）の会計処理を理解しているか？**

・計算方法
(1) クーポン利息＝額面金額×クーポン利子率（券面利子率）
(2) 利息配分額＝帳簿価額×実効利子率
(3) 金利調整差額の償却額＝(2)－(1)

・計算のタイミング：**利払日ごと**

社債の償却原価法（定額法①）

解答

問1

①	30,000　円
②	980,000　円

問2

損　益　計　算　書
自×4年1月1日　至×4年12月31日
（単位：円）

⋮

Ⅴ　営　業　外　費　用
　　社　債　利　息　　　　　（　　34,000　）

貸　借　対　照　表
×4年12月31日　　　　　　（単位：円）

⋮

Ⅱ　固　定　負　債
　　社　　　債　　（　984,000）

解説

　本問は社債における償却原価法（定額法）に関する問題です。

　利息法と違い利払日には償却をしない点に注意しましょう。

CH
09

社

債

1 **社債発行時×4年1月1日**

払込金額により社債で処理します。

| （現　金　預　金） | 980,000* | （社 | 債） | 980,000 |

$$* \quad 払込金額：\underset{額面総額}{\underline{1,000,000円}} \times \frac{@98円}{@100円} = 980,000円$$

前T/B 社債：980,000円

2 **利払日**

| （社　債　利　息） | 30,000* | （現　金　預　金） | 30,000 |

$$* \quad \underset{額面総額}{\underline{1,000,000円}} \times 3\% = 30,000円$$

前T/B 社債利息：30,000円

1 **決算整理仕訳**

　定額法では、決算日に償却額を計上します。そこで、期首から決算日までの償却額を社債の帳簿価額に加算します。

| （社　債　利　息） | 4,000* | （社 | 債） | 4,000 |

$$* \quad (\underset{額面総額}{\underline{1,000,000円}} - \underset{払込金額}{\underline{980,000円}}) \times \frac{12か月}{60か月} = 4,000円$$

P/L 社債利息：$\underset{クーポン利息}{\underline{30,000円}} + \underset{償却額}{\underline{4,000円}} = 34,000円$

B/S 社債：980,000円 + $\underset{償却額}{\underline{4,000円}} = 984,000円$

この問題のポイントはこれ!!

▶ **社債の償却原価法（定額法）の会計処理を理解しているか？**

・計算方法

　金利調整差額の償却額 = （額面金額 − 払込金額）× $\dfrac{当期の経過月数}{発行日から満期日までの月数}$

・計算のタイミング：**決算日**

　（利払日には、クーポン利息の計算だけ）

社債の償却原価法（定額法②）

損　益　計　算　書
自×5年4月1日　至×6年3月31日

（単位：円）

⋮

Ⅴ　営 業 外 費 用

社 債 利 息　　　　（　　80,000）

貸　借　対　照　表
×6年3月31日　　　　　（単位：円）

	Ⅰ　流 動 負 債	
	未 払 費 用	（　75,000）
		⋮
	Ⅱ　固 定 負 債	
	社　　　　債	（2,430,000）

本問は利札の利息に未払計上が必要な問題です。

決算日と利払日にずれがあることを見落とさないようにしましょう。

1　社債発行時（×5年12月1日）

払込金額により社債で処理します。

（当 座 預 金）　2,425,000*　（社　　　　債）　2,425,000

$$* \quad 払込金額：\underset{額面総額}{2,500,000円} \times \frac{@97円}{@100円} = 2,425,000円$$

CH
09

社

債

決算整理仕訳

1．利息の未払計上

発行時（×5年12月1日）から決算日までの4か月間に対応する社債利息を計上します。

（社　債　利　息）　　75,000* （未払社債利息）　　75,000

$$* \quad \underset{\text{額面総額}}{2,500,000\text{円}} \times 9\% \times \frac{4\text{か月}}{12\text{か月}} = 75,000\text{円}$$

B/S 未払費用：75,000円

2．償却原価法

定額法では、決算日に償却額を計上します。そこで、発行時（×5年12月1日）から決算日までの償却額を月割計算で求め、社債の帳簿価額に加算します。

（社　債　利　息）　　5,000* （社　　　　　債）　　5,000

$$* \quad (\underset{\text{額面総額}}{2,500,000\text{円}} - \underset{\text{払込金額}}{2,425,000\text{円}}) \times \frac{4\text{か月}}{60\text{か月}} = 5,000\text{円}$$

P/L 社債利息：$\underset{\text{未払分}}{75,000\text{円}} + \underset{\text{償却額}}{5,000\text{円}} = 80,000\text{円}$

B/S 社債：$2,425,000\text{円} + \underset{\text{償却額}}{5,000\text{円}} = 2,430,000\text{円}$

この問題のポイントはこれ!!

① **社債の償却原価法（定額法）の会計処理を理解しているか？**

・計算方法

金利調整差額の償却額＝(額面金額−払込金額)×$\dfrac{\text{当期の経過月数}}{\text{発行日から満期日までの月数}}$

・計算のタイミング：**決算日**

（利払日には、クーポン利息の計算だけ）

② **クーポン利息の未払計上の会計処理を理解しているか？**

利払日と決算日にズレが生じている場合には、決算日にクーポン利息を未払計上する。

社債の満期償還

解答

借方科目	金　額	貸方科目	金　額
社　債　利　息	3,000	社　　　　　債	3,000
社　　　　　債	1,000,000	当　座　預　金	1,022,500
社　債　利　息	22,500		

損　益　計　算　書
自×9年1月1日　至×9年12月31日
（単位：円）

⋮

V　営　業　外　費　用
社　債　利　息　　　　　（　　48,000　）

解説

　本問は社債の満期償還の問題です。満期償還時の社債の帳簿価額は額面金額と一致します。

1 ［資料Ⅰ］の空欄推定

前T/B 社債利息：$1,000,000円 \times 4.5\% \times \dfrac{6か月}{12か月} = 22,500円$

前T/B 社債：$\underbrace{1,000,000円 \times \dfrac{@98.5円}{@100円}}_{払込金額} + (1,000,000円 - 1,000,000円 \times \dfrac{@98.5円}{@100円})$

$\times \dfrac{48か月（×5年1月～×8年12月）}{60か月} = 997,000円$

2 社債の満期償還（未処理）

　社債が償還期日（満期）を迎えたので社債の償還の処理を行い社債の帳簿価額を減額します。なお、社債の償還に先立って、償却原価法によって期首から満期日までの社債の帳簿価額の調整を行います。

（社　債　利　息）	3,000*1	（社　　　　　債）	3,000
（社　　　　　債）	1,000,000*2	（当　座　預　金）	1,022,500
（社　債　利　息）	22,500*3		

＊1　$\underset{\text{額面総額}}{(1,000,000円} - \underset{\text{払込金額}}{985,000円)} \times \dfrac{12か月}{60か月} = 3,000円$

＊2　997,000円 + 3,000円 = 1,000,000円

＊3　$1,000,000円 \times 4.5\% \times \dfrac{6か月}{12か月} = 22,500円$

P/L　社債利息：$\underset{\text{前T/B社債利息}}{22,500円} + \underset{\text{償却額}}{3,000円} + \underset{\text{クーポン利息}}{22,500円} = 48,000円$

この問題のポイントはこれ!!

▶　社債の満期償還の会計処理を理解しているか？

Step1 未償却の金利調整差額を社債の帳簿価額に加減して額面金額に一致させる。

Step2 額面金額で社債を償還する。

Step3 クーポン利息を計上する。

社債の買入償還①

損 益 計 算 書
自×2年4月1日　至×3年3月31日
(単位：円)

⋮

Ⅴ　営 業 外 費 用
社 債 利 息　　　（　　23,400　）

⋮

Ⅶ　特 別 損 失
社 債 償 還 損　　（　　　1,100　）

貸 借 対 照 表
×3年3月31日　　　　　　（単位：円）

Ⅰ　流 動 資 産		Ⅰ　流 動 負 債	
現 金 預 金	（　120,600）	未払社債利息	（　　4,000）
		Ⅱ　固 定 負 債	
		社　　　債	（　311,600）

本問は社債における買入償還の問題です。

買入償還の問題では、償還分と未償還分を分けて下書きを書くのがコツです。社債では、①いくら分使ったのか（金額）、②どのくらい使ったのか（期間）の2つを考慮します。

CH
09

社
債

$\boxed{前 \text{T/B}}$ 社債利息：$400,000 円 \times 5 \% \times \dfrac{3 \text{か月} \text{(×2年4月～×2年6月)}}{12 \text{か月}}$

$\qquad\qquad + (400,000 円 - 80,000 円) \times 5 \% \times \dfrac{6 \text{か月} \text{(×2年7月～×2年12月)}}{12 \text{か月}}$

$\qquad\qquad = 13,000 円$

$\boxed{前 \text{T/B}}$ 社債：$400,000 円 \times \underbrace{\dfrac{@94 円}{@100 円}}_{払込金額} + (400,000 円 - 400,000 円 \times \dfrac{@94 円}{@100 円})$

$\qquad \times \dfrac{15 \text{か月} \text{(×1年1月～×2年3月)}}{48 \text{か月}} = 383,500 円$

2 決算整理仕訳等

⑴ **買入償還（未処理）**

裸相場で買い入れているため、支払う金額は端数利息を足した額となります。

（社 債 利 息）	600	（社　　　　　債）	600
（社　　　　　債）	77,300	（現 金 預 金）	79,400
（社 債 償 還 損）	1,100		
（社 債 利 息）	1,000		

社債利息 (償却)：$(80,000 円 - 80,000 円 \times \dfrac{@94 円}{@100 円}) \times \dfrac{6 \text{か月} \text{(×2年4月～×2年9月)}}{48 \text{か月}}$

$\qquad = 600 円$

社債 (償還)：$\underset{前 \text{T/B} 社債}{383,500 円} \times \dfrac{80,000 円}{400,000 円} + 600 円 = 77,300 円$

社債利息 (端数利息)：$80,000 円 \times 5 \% \times \dfrac{3 \text{か月} \text{(×2年7月～×2年9月)}}{12 \text{か月}} = 1,000 円$

$\boxed{\text{P/L}}$ 社債償還損：$(\underset{裸相場：78,400 円}{80,000 円 \times \dfrac{@98 円}{@100 円}}) - 77,300 円 = 1,100 円$

現金預金 (支払額)：$\underset{裸相場}{78,400 円} + \underset{端数利息}{1,000 円} = 79,400 円$

$\boxed{\text{B/S}}$ 現金預金：$200,000 円 - 79,400 円 = 120,600 円$

⑵ **償却原価法（定額法）：未償還分**

（社 債 利 息）	4,800	（社　　　　　債）	4,800

払込金額：$320{,}000円 \times \dfrac{@94円}{@100円} = 300{,}800円$

社債利息（償却）：$(\underbrace{400{,}000円 - 80{,}000円}_{320{,}000円} - 300{,}800円) \times \dfrac{12か月}{48か月} = 4{,}800円$

B/S 社債：$383{,}500円 + 600円 - 77{,}300円 + 4{,}800円 = 311{,}600円$

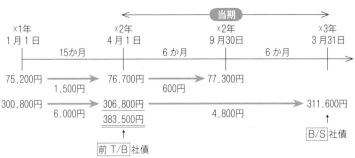

(3) 未払社債利息の計上

（社 債 利 息）	4,000	（未払社債利息）	4,000

B/S 未払社債利息：$320{,}000円 \times 5\% \times \dfrac{3か月（\text{×3年1月〜×3年3月}）}{12か月} = 4{,}000円$

P/L 社債利息：$13{,}000円 + 600円 + 1{,}000円 + 4{,}800円 + 4{,}000円 = 23{,}400円$

CH 09

社

債

この問題のポイントはこれ!!

① 社債の買入償還の会計処理を理解しているか？

Step1 期首から買入償還日までの期間の金利調整差額を加減し、社債の帳簿価額を調整する。

Step2 買入償還日における社債の帳簿価額を減額し、社債を償還する。

Step3 社債の帳簿価額 − 買入価額（時価）＝ ┌ (＋) 社債償還益
　　　　　　　　　　　　　　　　　　　　　 └ (−) 社債償還損

② 裸相場と利付相場の違いを理解しているか？

・裸 相 場：端数利息を除いた価格　◀━ **本問はこっち**
　　　　　　⇒買入償還時の支払額には、端数利息分を足す必要がある。

・利付相場：端数利息も含めた価格
　　　　　　⇒端数利息を控除して買入価額を求める必要がある。

社債の買入償還②

解答

損 益 計 算 書
自×4年4月1日　至×5年3月31日
(単位：円)

⋮

Ⅴ　営 業 外 費 用
　　社 債 利 息　　　　　（　　70,000　）

⋮

Ⅵ　特 別 利 益
　　社 債 償 還 益　　　　（　　20,500　）

貸 借 対 照 表
×5年3月31日　　　　　　　（単位：円）

⋮

Ⅱ　固 定 負 債
　　社　　　　債　　　（　885,000）

解説

本問は社債における買入償還の問題です。

買入償還の問題では、償還分と未償還分を分けて下書きを書くのがポイントです。社債では、①いくら使ったのか（金額）、②どのくらい使ったのか（期間）の2つを考慮します。

1 ［資料Ⅰ］の空欄推定

前T/B 社債利息：$(1,500,000円 - 600,000円) \times 5\% = 45,000円$

前T/B 社債：$1,500,000円 \times \dfrac{@95円}{@100円} + \underset{\text{払込金額}}{(1,500,000円 - 1,500,000円 \times \dfrac{@95円}{@100円})}$

$\times \dfrac{36か月 (\text{×1年4月～×4年3月})}{72か月} = 1,462,500円$

2 決算整理仕訳等

(1) 買入償還（未処理）

（社　債　利　息）	2,500	（社　　　　　債）	2,500
（社　　　　　債）	587,500	（仮　払　金）	582,000
（社　債　利　息）	15,000	（社　債　償　還　益）	20,500

払込金額：$600,000円 \times \dfrac{@95円}{@100円} = 570,000円$

仮払金：$600,000円 \times \dfrac{@97円}{@100円} = \underset{\text{前T/B}}{582,000円}$

社債利息（償却）：$(600,000円 - 570,000円) \times \dfrac{6か月（×4年4月～×4年9月）}{72か月}$
$\qquad\qquad = 2,500円$

社債（償還）：$570,000円 + (600,000円 - 570,000円)$
$\qquad\qquad \times \dfrac{42か月（×1年4月～×4年9月）}{72か月} = 587,500円$

社債利息（端数利息）：$600,000円 \times 5\% \times \dfrac{6か月（×4年4月～×4年9月）}{12か月}$
$\qquad\qquad = 15,000円$

裸相場：$582,000円 - 15,000円 = 567,000円$

$\boxed{\text{P/L}}$ 社債償還益：$587,500円 - 567,000円 = 20,500円$

CH 09

社
債

(2) 償却原価法（定額法）：未償還分

（社　債　利　息）	7,500	（社　　　　　債）	7,500

未償還社債：$1,500,000円 - 600,000円 = 900,000円$

払込金額：$900,000円 \times \dfrac{@95円}{@100円} = 855,000円$

社債利息（償却）：$(900,000円 - 855,000円) \times \dfrac{12か月（×4年4月～×5年3月）}{72か月}$
$\qquad\qquad = 7,500円$

$\boxed{\text{B/S}}$ 社債：$1,462,500円 + 2,500円 - 587,500円 + 7,500円 = 885,000円$

$\boxed{\text{P/L}}$ 社債利息：$45,000円 + 2,500円 + 15,000円 + 7,500円 = 70,000円$

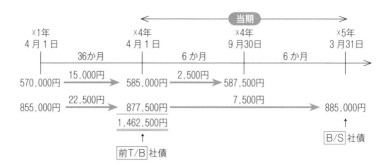

この問題のポイントはこれ!!

▶ 裸相場と利付相場の違いを理解しているか？

・裸 相 場：端数利息を除いた価格

　　　　　　⇒買入償還時の支払額には、端数利息分を足す必要がある。

・利付相場：端数利息も含めた価格　◀━**本問はこっち**

　　　　　　⇒端数利息を控除して買入価額を求める必要がある。

社債の抽選償還

(解答)

貸借対照表

一年以内償還社債	99,000 円
社債	195,000 円

損益計算書

社債利息	24,000 円

(解説)

本問は、社債の抽選償還に関する問題です。

1 社債償還の図示

抽選償還の問題を解くには、金利調整差額を1マスとしたボックス図を用いると、すばやく解答できます。

1マス：(500,000円 − 485,000円)÷15マス＝@1,000円

額面金額が同じで償還期限の異なる5つの社債を発行したと考えます。

×3年3月31日償還：100,000円 − @1,000円 × 1マス = 99,000円

×4年3月31日償還：100,000円 − @1,000円 × 2マス = 98,000円

×5年3月31日償還：100,000円 − @1,000円 × 3マス = 97,000円

×6年3月31日償還：100,000円 − @1,000円 × 4マス = 96,000円

×7年3月31日償還：100,000円 − @1,000円 × 5マス = 95,000円

2 期中仕訳

(1) 抽選償還

（社　債　利　息）	1,000	（一年以内償還社債）	1,000
（一年以内償還社債）	100,000	（現　金　預　金）	100,000

社債利息：@1,000円 × 1マス = 1,000円

一年以内償還社債（×4年3月31日償還）：98,000円 + @1,000円 × 2マス = 100,000円

(2) 社債利息の支払い

（社　債　利　息）	20,000	（現　金　預　金）	20,000

社債利息：(500,000円 − <u>100,000円</u>) × 5 % = 20,000円
　　　　　　　　　×3年3月31日
　　　　　　　　　償還分

3 決算整理仕訳

残っている社債の償却と、一年以内償還社債への振替えをします。

(1) 償却原価法

（社　債　利　息）	3,000	（社　　　　　債）	3,000

社債利息：@1,000円 × 3マス = 3,000円

P/L　社債利息：<u>21,000円</u> + 3,000円 = 24,000円
　　　　　　　前T/B社債利息

(2) 一年以内償還社債への振替え

（社　　　　　債）	99,000	（一年以内償還社債）	99,000

B/S　一年以内償還社債：97,000円 + @1,000円 × 2マス = 99,000円　または

　　　　　　　　　　　　100,000円 − @1,000円 × 1マス = 99,000円

B/S　社債：95,000円 + 96,000円 + @1,000円 × 4マス = 195,000円　または

　　　　　　<u>291,000円</u> + 3,000円 − 99,000円 = 195,000円
　　　　　　前T/B社債

196

▶ **社債の抽選償還の会計処理を理解しているか？**

Step1 ボックス図を作成する。

Step2 マス目の総数を数える。

Step3 金利調整差額をマス総数で割る。

⇒１マスあたりの調整差額を求める。

Step4 当期分償却額＝当期分のマス数×１マスあたりの調整差額

⇒償還分：**期中仕訳**

⇒未償還分：**決算整理**

Step5 1年内に償還する社債を振り替える。

CH
09

社

債

　　　　　　　　　　　　自己株式①

解答

損 益 計 算 書
自×4年4月1日　至×5年3月31日
（単位：円）

⋮

Ⅴ　営 業 外 費 用
　　支 払 手 数 料　　　　　（　　　1,425　）
　　株 式 交 付 費　　　　　（　　　　225　）

貸 借 対 照 表
×5年3月31日　　　　　　　（単位：円）

⋮

　　　　　　　　　　純資産の部

1．資　本　金　　　（　　3,000,000）
2．資本剰余金
　(1)資本準備金　　（　　　532,500）
　(2)その他資本剰余金（　　　　　　0）
3．利益剰余金
　(1)利益準備金　　（　　　225,000）
　(2)任意積立金　　（　　　　75,000）
　(3)繰越利益剰余金（　　　128,605）
4．自　己　株　式（△　　　67,425）

解説

　本問は自己株式の取得、処分および消却に関する問題です。

(1) 取得（有償取得）

　　自己株式の取得に係る付随費用は、自己株式の取得原価に含めず、支払手数料としてP/L上「営業外費用」に計上します。

| （自　己　株　式） | 56,820 | （現　金　預　金） | 56,820 |
| （支 払 手 数 料） | 180 | （現　金　預　金） | 180 |

　　自己株式（取得）：@2,841円×20株＝56,820円

(2) 処分

　　自己株式の処分時に生じた付随費用（株式交付費）は、原則として、支出時に費用として処理し、P/L上「営業外費用」に計上します。

（現　金　預　金）	72,000	（自　己　株　式）	67,425
		（その他資本剰余金）	4,575
（株 式 交 付 費）	225	（現　金　預　金）	225

　　現金預金（処分価額）：@2,880円×25株＝72,000円

　　自己株式の単価：（105,000円＋56,820円）÷（40株＋20株）＝@2,697円

　　自己株式（処分）：@2,697円×25株＝67,425円

　　その他資本剰余金：72,000円－67,425円＝4,575円

P/L 株式交付費：225円

(3) 消却

　　自己株式を消却した場合には、消却手続が完了したときに、消却の対象となった自己株式の帳簿価額をその他資本剰余金から減額します。また、自己株式の消却に係る付随費用は支払手数料としてP/L上「営業外費用」に計上します。

| （その他資本剰余金） | 26,970 | （自　己　株　式） | 26,970 |
| （支 払 手 数 料） | 120 | （現　金　預　金） | 120 |

　　自己株式（消却）：@2,697円×10株＝26,970円

B/S 自己株式：105,000円＋56,820円－67,425円－26,970円＝67,425円

P/L 支払手数料：1,125円＋180円＋120円＝1,425円

(4) 取得（無償取得）

　　自己株式を無償で取得した場合、自己株式の数のみの増加として処理します。

CH
10

純資産Ⅰ

なお、帳簿価額は変わりませんが保有自己株式数が増加するので、保有自己株式の単価は下落します。

仕 訳 な し

(5) 負の残高となったその他資本剰余金の調整

その他資本剰余金の残高が負の値となった場合には、決算において、その他資本剰余金をゼロとし、その負の値を繰越利益剰余金から減額します。

（繰越利益剰余金）　　　1,395　　（その他資本剰余金）　　　1,395

その他資本剰余金：26,970円 −（21,000円 + 4,575円）= 1,395円
　　　　　　　　　　　　　前T/Bその他　自己株式
　　　　　　　　　　　　　資本剰余金　処分差益

B/S その他資本剰余金：21,000円 + 4,575円 − 26,970円 + 1,395円 = 0円

B/S 繰越利益剰余金：120,000円 + 10,000円 − 1,395円 = 128,605円

この問題のポイントはこれ!!

① 自己株式に関する付随費用の取扱いを理解しているか？

・取得：**支払手数料**（営業外費用）

・処分：**支払手数料**（営業外費用）

　　　　または**株式交付費**（営業外費用または繰延資産）

・消却：**支払手数料**（営業外費用）

② 自己株式の有償取得と無償取得の処理の違いを理解しているか？

・有償取得：数と単価の再計算が必要

　　　　　　⇒**仕訳あり**

・無償取得：数と単価の再計算が必要

　　　　　　⇒**仕訳なし**…数のみ増加するため**単価は下落**

自己株式②

解答

問1

貸　借　対　照　表
×6年3月31日　　　　　　　　　（単位：円）

1．流動資産			⋮	
現金預金	（　420,000）	純資産の部		
		1．資　本　金	（　791,000）	
		2．資本剰余金		
		(1)資本準備金	（　126,000）	
		(2)その他資本剰余金	（　37,100）	
		3．利益剰余金		
		(1)繰越利益剰余金	（　157,500）	

問2

貸　借　対　照　表
×6年3月31日　　　　　　　　　（単位：円）

1．流動資産			⋮	
現金預金	（　420,000）	純資産の部		
		1．資　本　金	（　790,300）	
		2．資本剰余金		
		(1)資本準備金	（　125,300）	
		(2)その他資本剰余金	（　35,000）	
		3．利益剰余金		
		(1)繰越利益剰余金	（　157,500）	

CH
10

純資産Ⅰ

解説

本問は自己株式の処分と新株発行を同時に行った場合に関する問題です。

　自己株式処分差益が発生する場合、新株に対する払込金額を増加する資本金等の金額とします。なお、自己株式処分差益はその他資本剰余金の増加として処理します。

（現 金 預 金）	70,000	（資 本 金）	21,000
		（資 本 準 備 金）	21,000
		（自 己 株 式）	25,900
		（その他資本剰余金）	2,100

現金預金（払込金額）：@1,400円×50株＝70,000円
　　　　　　　　　　　　　　　募集株式数

その他資本剰余金（自己株式の処分差額）：

$$70,000円 \times \frac{自己株式20株}{募集株式50株} - 25,900円 = 2,100円$$

資本金：$70,000円 \times \dfrac{新株発行30株}{募集株式50株} \times \dfrac{1}{2} = 21,000円$

B/S 現金預金：350,000円 + 70,000円 = 420,000円

B/S 資本金：770,000円 + 21,000円 = 791,000円

B/S 資本準備金：105,000円 + 21,000円 = 126,000円

B/S その他資本剰余金：35,000円 + 2,100円 = 37,100円

払込金額 70,000円	30株の対価 42,000円	42,000円 （資本金：21,000円 （資本準備金：21,000円	
	20株の対価 28,000円	その他資本剰余金 2,100円	
		自己株式 25,900円	

2 自己株式の帳簿価額が 29,400 円であった場合

自己株式処分差損が発生する場合、新株に対する払込金額から自己株式処分差損相当額を控除した金額を増加する資本金等の金額とします。

(現 金 預 金)	70,000	(資 本 金)	20,300
		(資 本 準 備 金)	20,300
		(自 己 株 式)	29,400

現金預金 (払込金額)：@1,400円×50株＝70,000円
　　　　　　　　　　　　　募集株式数

自己株式の処分差額：$70,000円 × \dfrac{自己株式20株}{募集株式50株} - 29,400円 = △1,400円$

資本金：$(70,000円 × \dfrac{新株発行30株}{募集株式50株} - 1,400円) × \dfrac{1}{2} = 20,300円$　または

　　　　$(70,000円 - 29,400円) × \dfrac{1}{2} = 20,300円$

B/S 現金預金：350,000円 + 70,000円 = 420,000円

B/S 資本金：770,000円 + 20,300円 = 790,300円

B/S 資本準備金：105,000円 + 20,300円 = 125,300円

払込金額 70,000円	30株の対価 42,000円	40,600円 (資本金：20,300円 資本準備金：20,300円)
	20株の対価 28,000円	自己株式 29,400円

純資産 I

この問題のポイントはこれ!!

① **新株と自己株式への按分方法を理解しているか？**

・新株に対する払込金額＝払込金額 × $\dfrac{新株発行数}{募集株式数}$

・自己株式の処分の対価＝払込金額 × $\dfrac{自己株式数}{募集株式数}$

② **処分差額の取扱いを理解しているか？**

・処分**差益**：**その他資本剰余金**の増加として処理

・処分**差損**：**新株に対する払込金額から控除**

自己株式③

 解答

	借方科目	金　額	貸方科目	金　額
(1)	資　　本　　金	100,000	繰越利益剰余金	70,000
			その他資本剰余金	30,000
(2)	資　　本　　金	50,000	その他資本剰余金	50,000
	自　己　株　式	50,000	現　金　預　金	50,000
	その他資本剰余金	50,000	自　己　株　式	50,000

解説

本問は株主資本の計数の変動と自己株式の消却に関する問題です。

1 繰越利益剰余金の負の残高のてん補

株主資本の金額が資本金と資本準備金と利益準備金の合計額を下回ることを欠損といいます。欠損が生じている場合、繰越利益剰余金は負の残高となっているため、これを資本金や資本剰余金で欠損をてん補することができます。

$$（資　本　金）\quad 100,000 \quad （繰越利益剰余金）\quad 70,000$$
$$（その他資本剰余金）\quad 30,000$$

その他資本剰余金：100,000円 − 70,000円 = 30,000円
　　　　　　　　　　　　繰越利益剰余金の負の残高

2 資本金の減少

①　資本金50,000円を減少させ、その他資本剰余金とします。

$$（資　本　金）\quad 50,000 \quad （その他資本剰余金）\quad 50,000$$

②　同額の自己株式を現金預金により取得

$$（自　己　株　式）\quad 50,000 \quad （現　金　預　金）\quad 50,000$$

③　取得した自己株式を消却

$$（その他資本剰余金）\quad 50,000 \quad （自　己　株　式）\quad 50,000$$

CHAPTER 10—❹／4問　　　　　　　　　　　理論問題

解答

ア	イ	ウ
その他資本剰余金	決算	営業外費用

解説

　自己株式に関する用語について問う問題です。

1．自己株式処分差益は、（**その他資本剰余金**）の増加として処理する。

2．（**その他資本剰余金**）の残高が負の値になった場合は、（**決算**）時に、（**その他資本剰余金**）をゼロにして、負の値を繰越利益剰余金から減額する。

3．自己株式の取得および処分に係る付随費用は、原則として、支払手数料などの科目をもって、損益計算書の（**営業外費用**）に計上する。

CH
10

純資産Ⅰ

　　　　　　　　　　　　　　　　新株予約権

解答

問1

貸 借 対 照 表
×5年3月31日　　　　　　　　（単位：円）

資産の部	⋮
Ⅰ　流動資産	純資産の部
現金預金　　　（　720,000）	Ⅰ　株 主 資 本
	1．資 本 金　　（1,890,160）
	2．資本剰余金
	(1)資本準備金　（　530,160）
	(2)その他資本剰余金　（　8,480）
	⋮
	4．自 己 株 式　（△ 28,000）
	⋮
	Ⅲ　新株予約権　　（　7,200）

問 2

貸 借 対 照 表
×5年 3 月31日　　　　　　　（単位：円）

資産の部	⋮
Ⅰ　流 動 資 産	純資産の部
現 金 預 金　　（　624,000）	Ⅰ　株 主 資 本
	1．資 本 金　　（1,846,400）
	2．資本剰余金
	⑴資本準備金　（　486,400）
	⑵その他資本剰余金　（　　　0）
	⋮
	4．自 己 株 式　（△ 28,000）
	⋮
	Ⅲ　新株予約権　　（　7,200）

解説

本問は新株予約権に関する問題です。

1　新株予約権の行使価額が 320 円の場合

自己株式処分差益が出るケースです。

（現 金 預 金）	640,000	（資 本 金）	290,160
（新 株 予 約 権）	4,800	（資 本 準 備 金）	290,160
		（自 己 株 式）	56,000
		（その他資本剰余金）	8,480

交付株式数：1,800株＋200株＝2,000株
　　　　　　発行株式数　自己株式

現金預金：@320円×2,000株＝640,000円

新株予約権：@1,200円× 4 個＝4,800円

自己株式：@280円×200株＝56,000円

$\boxed{\text{B/S}}$ その他資本剰余金：$\left\{ (640,000円＋4,800円) \times \dfrac{自己株式200株}{交付株式2,000株} \right\} － 56,000円$

　　　　　　＝8,480円（自己株式処分差益）

新株に対する払込金額：$(640,000円 + 4,800円) \times \dfrac{新株発行1,800株}{交付株式2,000株} = 580,320円$

資本金：$580,320円 \times \dfrac{1}{2} = 290,160円$

B/S 現金預金：$80,000円 + 640,000円 = 720,000円$

B/S 新株予約権：$12,000円 - 4,800円 = 7,200円$

B/S 自己株式：$84,000円 - 56,000円 = 28,000円$

B/S 資本金：$1,600,000円 + 290,160円 = 1,890,160円$

B/S 資本準備金：$240,000円 + 290,160円 = 530,160円$

払込金額 640,000円 新株予約権 4,800円	1,800株の対価 580,320円	580,320円 ｛資本金：290,160円 資本準備金：290,160円	
	200株の対価 64,480円	その他資本剰余金 8,480円	
		自己株式 56,000円	

2 **新株予約権の行使価額が272円の場合**

自己株式処分差損が出るケースです。

（現 金 預 金）	544,000	（資 本 金）	246,400
（新 株 予 約 権）	4,800	（資 本 準 備 金）	246,400
		（自 己 株 式）	56,000

交付株式数：$\underset{\text{発行株式数}}{1,800株} + \underset{\text{自己株式}}{200株} = 2,000株$

現金預金：$@272円 \times 2,000株 = 544,000円$

新株予約権：$@1,200円 \times 4個 = 4,800円$

自己株式：$@280円 \times 200株 = 56,000円$

自己株式の対価：$(544,000円 + 4,800円) \times \dfrac{自己株式200株}{交付株式2,000株} = 54,880円$

新株に対する払込金額：$(544,000円 + 4,800円) \times \dfrac{新株発行1,800株}{交付株式2,000株} = 493,920円$

自己株式処分差額：54,880円 − 56,000円 ＝ △1,120円（自己株式処分差損）

資本金：(493,920円 − 1,120円) × $\frac{1}{2}$ ＝ 246,400円　または

(544,000円 + 4,800円 − 56,000円) × $\frac{1}{2}$ ＝ 246,400円

B/S 現金預金：80,000円 + 544,000円 ＝ 624,000円

B/S 新株予約権：12,000円 − 4,800円 ＝ 7,200円

B/S 自己株式：84,000円 − 56,000円 ＝ 28,000円

B/S 資本金：1,600,000円 + 246,400円 ＝ 1,846,400円

B/S 資本準備金：240,000円 + 246,400円 ＝ 486,400円

| 払込金額 544,000円 | 1,800株の対価 493,920円 | 492,800円 { 資本金：246,400円 / 資本準備金：246,400円 |
| 新株予約権 4,800円 | 200株の対価 54,880円 | 自己株式 56,000円 |

この問題のポイントはこれ!!

①　新株予約権の会計処理を理解しているか？

・発行時の処理：払込金額で**新株予約権**（純資産）を計上

・権利行使時の処理　◀**本問はこっち**

　新株に対する払込金額＝権利行使にともなう払込金額＋**行使された新株予約権の金額**
　（自己株式の処分の対価）

・権利行使期間満了時の処理：新株予約権戻入益を計上

②　新株と自己株式への按分方法を理解しているか？

・新株に対する払込金額

　＝（権利行使にともなう払込金額＋**行使された新株予約権の金額**）× $\dfrac{新株発行数}{募集株式数}$

・自己株式の処分の対価

　＝（権利行使にともなう払込金額＋**行使された新株予約権の金額**）× $\dfrac{自己株式数}{募集株式数}$

CH 11

純資産 Ⅱ

解答

問1

貸 借 対 照 表
×5年3月31日　　　　　（単位：千円）

資産の部		負債の部	
Ⅰ　流動資産		⋮	
現金預金	（　92,500）	Ⅱ　固定負債	
		社　　債	（　230,000）
		⋮	
		純資産の部	
		Ⅰ　株主資本	
		1.資　本　金	（　620,000）
		2.資本剰余金	
		(1)資本準備金	（　83,000）
		⋮	
		Ⅲ　新株予約権	（　25,000）

社債利息	15,500 千円

問2

貸 借 対 照 表
×5年3月31日　　　　　　　（単位：千円）

資産の部		負債の部	
Ⅰ　流動資産		⋮	
現 金 預 金	（　　92,500）	Ⅱ　固 定 負 債	
		社　　　　　債	（　250,000）
		⋮	
		純資産の部	
		Ⅰ　株 主 資 本	
		1．資 本 金	（　620,000）
		2．資本剰余金	
		⑴資本準備金	（　80,000）
		⋮	
		Ⅲ　新株予約権	（　　—　）

社債利息	7,500 千円

解説

本問は新株予約権付社債に関する問題です。

1　区分法

区分法（新株予約権と社債を分けて処理する方法）によって処理します。

⑴　**新株予約権付社債の発行時**

（単位：千円）

（仮　受　金）	400,000	（社　　　　　債）	360,000
		（新 株 予 約 権）	40,000

新株予約権：400,000千円 − 360,000千円 ＝ 40,000千円
　　　　　　　払込総額　　　社債の払込金額

⑵　**権利行使時**

権利行使時までの社債の償却を行ってから、払込みをします。

（社 債 利 息）	3,000	（社 債）	3,000
（社 債）	138,000	（資 本 金）	120,000
（新 株 予 約 権）	15,000	（資 本 準 備 金）	33,000

社債利息（償却分）：$(400,000千円 - \underset{\text{額面総額}}{360,000千円}) \times \dfrac{\text{権利行使150個}}{\text{発行総数400個}}$

$$\times \dfrac{12か月 \,（\text{×4年4月～×5年3月}）}{60か月} = 3,000千円$$

社債（払込み）：$360,000千円 \times \dfrac{\text{権利行使150個}}{\text{発行総数400個}} + 3,000千円 = 138,000千円$

新株予約権（行使）：$40,000千円 \times \dfrac{\text{権利行使150個}}{\text{発行総数400個}} = 15,000千円$

資本金（資本金組入）：@800円 × 150,000株 = 120,000千円

資本準備金：$\underset{\text{貸借差額}}{33,000千円}$

B/S 資本金：500,000千円 + 120,000千円 = 620,000千円

B/S 資本準備金：50,000千円 + 33,000千円 = 83,000千円

B/S 新株予約権：40,000千円 - 15,000千円 = 25,000千円

(3) **利息の支払い**

（単位：千円）

（社 債 利 息）	7,500	（現 金 預 金）	7,500

社債利息：$400,000千円 \times \dfrac{\text{未行使250個}}{\text{発行総数400個}} \times 3\% = 7,500千円$

B/S 現金預金：100,000千円 - 7,500千円 = 92,500千円

(4) **償却原価法（定額法）**

（単位：千円）

（社 債 利 息）	5,000	（社 債）	5,000

社債利息：$(400,000千円 - 360,000千円)$

$$\times \dfrac{\text{未行使250個}}{\text{発行総数400個}} \times \dfrac{12か月 \,（\text{×4年4月～×5年3月}）}{60か月} = 5,000千円$$

B/S 社債：360,000千円 + 3,000千円 - 138,000千円 + 5,000千円 = 230,000千円

P/L 社債利息：3,000千円 + 7,500千円 + 5,000千円 = 15,500千円

(単位：千円)

```
x4年4月1日                      x5年3月31日
  ├────────────────────────────────────────►
135,000 ─────3,000────► 138,000（権利行使）
225,000 ─────5,000────► 230,000
360,000
```

2 一括法

一括法（新株予約権と社債を分けずに処理する方法）で処理します。

(1) 新株予約権付社債の発行時

(単位：千円)

（仮　受　金）	400,000	（社　　　　債）	400,000

社債：払込総額

(2) 権利行使時

(単位：千円)

（社　　　　債）	150,000	（資　本　金）	120,000
		（資 本 準 備 金）	30,000

社債（払込み）：$400,000千円 \times \dfrac{権利行使150個}{発行総数400個} = 150,000千円$

資本金（資本金組入）：@$800円 \times 150,000株 = 120,000千円$

資本準備金：$\underset{\text{貸借差額}}{30,000千円}$

B/S 社債：$400,000千円 - 150,000千円 = 250,000千円$

B/S 資本金：$500,000千円 + 120,000千円 = 620,000千円$

B/S 資本準備金：$50,000千円 + 30,000千円 = 80,000千円$

B/S 新株予約権：一括法では新株予約権は使用しません。

(3) 利息の支払い

(単位：千円)

（社 債 利 息）	7,500	（現 金 預 金）	7,500

P/L 社債利息：$400,000千円 \times \dfrac{未行使250個}{発行総数400個} \times 3\% = 7,500千円$

B/S 現金預金：$100,000千円 - 7,500千円 = 92,500千円$

(4) 償却原価法（定額法）

新株予約権を社債に含めているため、社債の額面金額と払込金額が一致しています。そのため、償却原価法によって帳簿価額を調整する必要はありません。

CH
11

純資産Ⅱ

▶ 　区分法と一括法の違いを理解しているか？

・発行時の処理

　(1)　区分法：**社債**と**新株予約権**を分けて処理

　(2)　一括法：**社債のみ**で処理

・権利行使時の処理

　(1)　区分法

　　　⇒金銭払込：**新株予約権のみ**減らす

　　　⇒代用払込：**新株予約権**と**社債**を減らす

　(2)　一括法：**社債**を減らす（代用払込のみ）

・権利行使期間満了時の処理

　(1)　区分法：**新株予約権戻入益**を計上

　(2)　一括法：**処理なし**

ストック・オプション

解答

損 益 計 算 書
自×4年4月1日　至×5年3月31日
（単位：円）

⋮

Ⅲ　販売費及び一般管理費

株 式 報 酬 費 用　　　　（　1,687,000　）

株主資本等変動計算書
自×4年4月1日　至×5年3月31日
（単位：円）

⋮

新株予約権

当 期 首 残 高　　　　（　18,095,000　）

当期変動額(純額)　　　（　1,687,000　）

当 期 末 残 高　　　　（　19,782,000　）

貸 借 対 照 表
×5年3月31日　　　　（単位：円）

⋮

純資産の部

⋮

Ⅲ　新株予約権　　　　（19,782,000）

解説

本問はストック・オプションに関する問題です。

1 ［資料Ⅰ］の空欄推定

×3年3月期末において失効見積数が修正されているので、修正後の失効見積数を用いて、前T/B新株予約権を計算します。

$\boxed{\text{前T/B}}$ 新株予約権 & $\boxed{\text{S/S}}$ 新株予約権（当期首残高）：

$$@2,100円 \times (10,000個 - 600個) \times \frac{33か月}{36か月} = 18,095,000円$$

2 仕訳処理

(1) ×2年3月31日（決算日）

（株 式 報 酬 費 用）	4,987,500	（新 株 予 約 権）	4,987,500

株式報酬費用 & ×2年B/S新株予約権：$@2,100円 \times (10,000個 - 500個) \times \dfrac{9か月}{36か月}$

$$= 4,987,500円$$

(2) ×3年3月31日（決算日）

（株 式 報 酬 費 用）	6,527,500	（新 株 予 約 権）	6,527,500

×3年B/S新株予約権：$@2,100円 \times (10,000個 - 600個) \times \dfrac{21か月}{36か月} = 11,515,000円$

株式報酬費用：$11,515,000円 - \underset{\text{既計上額}}{\underline{4,987,500円}} = 6,527,500円$

(3) ×4年3月31日（決算日）

（株 式 報 酬 費 用）	6,580,000	（新 株 予 約 権）	6,580,000

×4年B/S新株予約権：$@2,100円 \times (10,000個 - 600個) \times \dfrac{33か月}{36か月} = 18,095,000円$

株式報酬費用：$18,095,000円 - \underset{\text{既計上額}}{\underline{11,515,000円}} = 6,580,000円$

(4) ×4年6月30日（権利確定日）

（株 式 報 酬 費 用）	1,687,000	（新 株 予 約 権）	1,687,000

$\boxed{\text{B/S}}$ 新株予約権 & $\boxed{\text{S/S}}$ 新株予約権（当期末残高）：

$$@2,100円 \times (10,000個 - 580個) = 19,782,000円$$

$\boxed{\text{P/L}}$ 株式報酬費用 & $\boxed{\text{S/S}}$ 新株予約権（当期変動額(純額)）：

$$19,782,000円 - \underset{\text{既計上額}}{\underline{18,095,000円}} = 1,687,000円$$

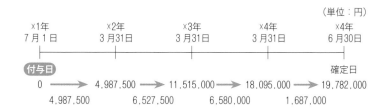

この問題のポイントはこれ!!

▶ **株式報酬費用の計算方法を理解しているか？**

Step1 新株予約権＝公正な評価単価×ストック・オプション数

┗→ 付与日現在　　　┗→ 権利不確定による
　　で算定　　　　　　失効見積数を除く

$$\times \frac{\text{権利付与日から当期末までの期間}}{\text{対象勤務期間}} \quad \cdots A$$

Step2 株式報酬費用＝Ａ－前期までに計上した新株予約権の金額

株式引受権

解答

損　益　計　算　書
自×3年4月1日　至×4年3月31日
(単位：円)

⋮

Ⅲ　販売費及び一般管理費
報　酬　費　用　　　　　　　（　　350,000　）

株主資本等変動計算書
自×3年4月1日　至×4年3月31日
(単位：円)

⋮

株式引受権
当 期 首 残 高　　　　　　　（　　1,050,000　）
当期変動額(純額)　　　　　（　△1,050,000　）
当 期 末 残 高　　　　　　　（　　　　　　0　）

貸　借　対　照　表
×4年3月31日　　　　　　(単位：円)

⋮

純資産の部

⋮

Ⅲ　株式引受権　　　　（　　　　0）

本問は株式引受権に関する問題です。

1 株式引受権の前期末残高の推定

×2年3月末において失効見積数が修正されているので、修正後の失効見積数を用いて、前期末における株式引受権の金額を算定します。

$\boxed{\text{S/S}}$ 株式引受権（当期首残高）：

$$@2,000円 \times 株式数600株^* \times \frac{21か月_{(×1.7～×3.3)}}{24か月_{(×1.7～×3.6)}} = 1,050,000円$$

* 　100株 × (10名 − ×2年3月期末における失効見込4名) = 600株

2 仕訳処理

(1) ×1年度

① ×1年7月1日（付与日）

仕　訳　な　し

② 決算時

失効等の見込み数に重要な変動が生じた場合には、原則として、これに応じて株式数を見直します。

（報　酬　費　用）　　450,000^{*1}　（株　式　引　受　権）　　450,000

$*1$　$@2,000円 \times 株式数600株^{*2} \times \dfrac{9か月_{(×1.7～×2.3)}}{24か月_{(×1.7～×3.6)}} = 450,000円$

$*2$　100株 × (10名 − ×2年3月末における失効見込4名) = 600株

(2) ×2年度（決算時）

（報　酬　費　用）　　600,000^{*1}　（株　式　引　受　権）　　600,000

$*1$　$@2,000円 \times 株式数600株^{*2} \times \dfrac{21か月_{(×1.7～×3.3)}}{24か月_{(×1.7～×3.6)}} - \underset{\text{既計上額}}{450,000円}$
　　$= 600,000円$

$*2$　100株 × (10名 − ×3年3月末における失効見込4名) = 600株

(3) ×3年度（当期）

① 権利確定日（×3年6月30日）

権利確定日には、株式数を権利の確定した株式数と一致させます。

（報　酬　費　用）　350,000*1（株 式 引 受 権）　350,000

* 1　@2,000円×株式数700株*2 −（450,000円＋600,000円）
　　　　　　　　　　　　　　　　　　　　　　　　既計上額
　　＝350,000円

* 2　100株×（10名−失効確定3名）＝700株

② 新株発行日（×3年7月）

割当日において、新株を発行した場合には、株式引受権として計上した額を資本金または資本準備金に振り替えます（本問においては、資料9より全額資本金）。

（株 式 引 受 権）　1,400,000*（資　　本　　金）　1,400,000

*　@2,000円×株式数700株＝1,400,000円

　または、450,000円＋600,000円＋350,000円＝1,400,000円

| B/S | 株式引受権：0円 |

| S/S | 株式引受権（当期末残高）：0円 |

| P/L | 報酬費用：1,400,000円−1,050,000円＝350,000円 |
　　　　　　　　　　　　　　　　　　既計上額

| S/S | 株式引受権（当期変動額（純額））：350,000円−1,400,000円＝△1,050,000円 |

この問題のポイントはこれ！！

▶株式引受権（事後交付型）の会計処理を理解しているか？

・付与時	仕 訳 な し		
・決算日	（報 酬 費 用）	×××	（株 式 引 受 権） ×××
・割当日	（株 式 引 受 権）	×××	（資　本　金） ×××

解答

株主資本等変動計算書
自×1年4月1日　至×2年3月31日　　　　　　　　（単位：千円）

	株主資本									
	資本金	資本剰余金			利益剰余金				自己株式	株主資本合計
		資本準備金	その他資本剰余金	資本剰余金合計	利益準備金	その他利益剰余金		利益剰余金合計		
						別途積立金	繰越利益剰余金			
当期首残高	50,000	2,000	1,430	3,430	750	500	6,000	7,250	△3,000	57,680
当期変動額										
新株の発行	(11,200)	(11,200)		(11,200)						(22,400)
剰余金の配当		(80)	(△880)	(△800)	250		(△2,750)	(△2,500)		(△3,300)
当期純利益							(4,250)	(4,250)		(4,250)
自己株式の取得									(△6,000)	(△6,000)
自己株式の処分			(1,050)	(1,050)					(5,250)	(6,300)
株主資本以外の項目の当期変動額										
当期変動額合計	(11,200)	(11,280)	(170)	(11,450)	(250)	–	(1,500)	(1,750)	△750)	(23,650)
当期末残高	(61,200)	(13,280)	(1,600)	(14,880)	(1,000)	500	(7,500)	(9,000)	(△3,750)	(81,330)

下段へ続く

上段より続く

| | 評価・換算差額等 | | 株式引受権 | 新株予約権 | 純資産合計 |
	その他有価証券評価差額金	評価・換算差額等合計			
当期首残高	400	400	0	8,000	66,080
当期変動額					
新株の発行					(22,400)
剰余金の配当					(△3,300)
当期純利益					(4,250)
自己株式の取得					(△6,000)
自己株式の処分					(6,300)
株主資本以外の項目の当期変動額	(400)	(400)	(5,000)	(△6,400)	(△1,000)
当期変動額合計	(400)	(400)	(5,000)	(△6,400)	(22,650)
当期末残高	(800)	(800)	(5,000)	(1,600)	(88,730)

解説

本問は株主資本等変動計算書を作成する問題です。

1 剰余金の処分

(単位：千円)

（その他資本剰余金）	880	（資 本 準 備 金）	80
		（未 払 配 当 金）	800
（繰越利益剰余金）	2,750	（利 益 準 備 金）	250
		（未 払 配 当 金）	2,500

問題文に10分の1を積み立てたと明記されているため、解答上は不要ですが、配当にともなう準備金積立額の計算を示します。

$$50,000千円 \times \frac{1}{4} - (2,000千円 + 750千円) = 9,750千円$$

$$(800千円 + 2,500千円) \times \frac{1}{10} = 330千円$$

$$\left. \right\} \therefore 330千円$$

配当の源泉である「その他資本剰余金」「繰越利益剰余金」から10分の1を準備金として積み立てます。

S/S 資本準備金（剰余金の配当）：$800千円 \times \frac{1}{10} = 80千円$

S/S その他資本剰余金（剰余金の配当）：$800千円 + 80千円 = 880千円$

S/S 利益準備金（剰余金の配当）：$2,500千円 \times \frac{1}{10} = 250千円$

S/S 繰越利益剰余金（剰余金の配当）：$2,500千円 + 250千円 = 2,750千円$

2 自己株式

(1) 自己株式の取得

(単位：千円)

（自 己 株 式）	6,000	（現 金 預 金）	6,000

S/S 自己株式（自己株式の取得）：@$200千円 \times 30株 = 6,000千円$

(2) 自己株式の処分

自己株式の処分差額はその他資本剰余金として処理します。

(単位：千円)

（現　金　預　金）	6,300	（自　己　株　式）	5,250
		（その他資本剰余金）	1,050

現金預金：@180千円×35株＝6,300千円

$\boxed{\text{S/S}}$ 自己株式（自己株式の処分）：$\dfrac{3,000千円＋6,000千円}{30株＋30株}×35株＝5,250千円$

$\boxed{\text{S/S}}$ その他資本剰余金（自己株式の処分）：1,050千円
　　　　　　　　　　　　　　　　　貸借差額

3　その他有価証券

その他有価証券評価差額金の当期の変動は「株主資本以外の項目の当期変動額」に記入します。

(1)　前期末における評価替え

(単位：千円)

（その他有価証券）	400	（その他有価証券評価差額金）	400

その他有価証券評価差額金：（@150千円×20株）－（@130千円×20株）

$$＝400千円$$

$\boxed{\text{S/S}}$ その他有価証券評価差額金（当期首残高）：400千円

(2)　当期首における再振替仕訳

(単位：千円)

（その他有価証券評価差額金）	400	（その他有価証券）	400

(3)　当期末における評価替え

(単位：千円)

（その他有価証券）	800	（その他有価証券評価差額金）	800

$\boxed{\text{S/S}}$ その他有価証券評価差額金（当期末残高）：

（@170千円×20株）－（@130千円×20株）＝800千円

4　株式引受権

株式引受権は株主資本ではないので、期中の変動の合計額を「株主資本以外の当期変動額」に記入します。

(単位：千円)

（報　酬　費　用）	5,000	（株　式　引　受　権）	5,000

CH
II

純資産II

S/S 株式引受権（株主資本以外の項目の当期変動額）：5,000千円

5 新株予約権

新株予約権は株主資本ではないので、期中の変動の合計額を「株主資本以外の項目の当期変動額」に記入します。

（単位：千円）

| （新株予約権） | 6,400 | （資 本 金） | 11,200 |
| （現 金 預 金） | 16,000 | （資本準備金） | 11,200 |

S/S 新株予約権（株主資本以外の項目の当期変動額）：@400千円×16個＝6,400千円

　現金預金：@1,000千円×16個＝16,000千円

S/S 資本金（新株の発行）& S/S 資本準備金（新株の発行）：

　$(6,400千円 + 16,000千円) \times \dfrac{1}{2} = 11,200千円$

6 当期純利益の計上

損益を繰越利益剰余金に振り替えます。

（単位：千円）

| （損 益） | 4,250 | （繰越利益剰余金） | 4,250 |

S/S 繰越利益剰余金（当期純利益）：4,250千円

この問題のポイントはこれ!!

▶ **株主資本等変動計算書の記載方法を理解しているか？**

記載方法	株主資本の各項目	
	(1) 当期首残高、当期変動額および当期末残高を示す	
	(2) 当期変動額は、変動事由ごとに当期変動額および変動事由を示す	
	株主資本以外の各項目	
	(1) 当期首残高、当期変動額および当期末残高を示す	
	(2) 当期変動額については、当期変動額を純額で示す	
	当期純利益（または当期純損失）	
	繰越利益剰余金の変動事由として表示する	
当期末残高		
株主資本等変動計算書の当期末残高→貸借対照表の金額と一致		

解答

損　益　計　算　書
自×2年4月1日　至×3年3月31日　　　　（単位：円）
⋮

税 引 前 当 期 純 利 益		975,000
法人税、住民税及び事業税	503,100	
法 人 税 等 調 整 額	（　△19,600　）	（　483,500　）
当 期 純 利 益		（　491,500　）

貸　借　対　照　表
×3年3月31日　　　　　　（単位：円）
⋮

Ⅱ　固 定 資 産		Ⅱ　固 定 負 債	
繰 延 税 金 資 産	（　23,600)	繰 延 税 金 負 債	（　―　）
		⋮	
		純資産の部	
		その他有価証券評価差額金	（　9,000)

解説

　本問は税効果会計における将来減算一時差異、将来加算一時差異、永久差異に関する問題です。

1　会計上の仕訳と税効果会計に関する仕訳

(1)　受取配当金

　受取配当金の益金不算入額は永久差異なので、税効果会計の対象とはなりません。

(2) **商品評価損**

　　商品評価損の損金不算入額は将来減算一時差異なので、税効果会計の対象となり、固定資産に繰延税金資産を計上します。

　　会計上：　（商 品 評 価 損）　　18,000　　（繰 越 商 品）　　18,000

　　税効果：　（繰 延 税 金 資 産）　　7,200　　（法人税等調整額）　　7,200

　　法人税等調整額：18,000円×40％＝7,200円
　　　　　　　　　　損金不算入額
　　　　　　　　　（商品評価損）

(3) **貸倒引当金繰入**

　　貸倒引当金繰入の損金不算入額は将来減算一時差異なので、税効果会計の対象となり、固定資産に繰延税金資産を計上します。

　　会計上：　（貸 倒 引 当 金 繰 入）　　6,000　　（貸 倒 引 当 金）　　6,000

　　税効果：　（繰 延 税 金 資 産）　　2,400　　（法人税等調整額）　　2,400

　　法人税等調整額：6,000円×40％＝2,400円
　　　　　　　　　　損金不算入額
　　　　　　　　　（貸倒引当金繰入）

(4) **減価償却費**

　　減価償却費の損金不算入額は将来減算一時差異なので、税効果会計の対象となり、固定資産に繰延税金資産を計上します。

　　会計上：　（減 価 償 却 費）　　75,000　　（建物減価償却累計額）　　75,000

　　税効果：　（繰 延 税 金 資 産）　　10,000　　（法人税等調整額）　　10,000

　　会計上の減価償却費：1,500,000円÷20年＝75,000円

　　税務上の減価償却費：1,500,000円÷30年＝50,000円

　　法人税等調整額：（75,000円－50,000円）×40％＝10,000円

(5) **その他有価証券の評価差額**

　　その他有価証券の評価差額（評価益）は将来加算一時差異なので、税効果会計の対象となり、固定負債に繰延税金負債を計上します。

　　会計上：　（その他有価証券）　　15,000　　（その他有価証券評価差額金）　　15,000

　　税効果：　（その他有価証券評価差額金）　　6,000　　（繰 延 税 金 負 債）　　6,000

　　その他有価証券の評価差額（評価益）：135,000円－120,000円＝15,000円

繰延税金負債：15,000円 × 40% = 6,000円

B/S その他有価証券評価差額金：15,000円 − 6,000円 = 9,000円
　　　　　　　　　　　　　　　　会計上　　　　税効果

2 **繰延税金資産と繰延税金負債の相殺**

貸借対照表上、繰延税金資産と繰延税金負債は相殺して表示します。

(1) **勘定記入および相殺仕訳**

（単位：円）

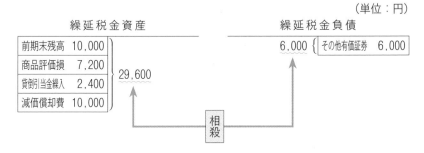

（繰延税金負債）　　6,000　　（繰延税金資産）　　　6,000

B/S 繰延税金資産：10,000円 + 7,200円 + 2,400円 + 10,000円 − 6,000円 = 23,600円
　　　　　　　　　前期末残高　　商品　　貸倒引当金　　減価　　その他
　　　　　　　　　　　　　　　評価損分　繰入分　　償却費分　有価証券分

(2) **法人税等調整額**

法人税等調整額

	商品評価損　7,200円
19,600円	貸倒引当金繰入　2,400円
	減価償却費　10,000円

P/L 法人税等調整額（貸方）：19,600円

P/L 当期純利益：975,000円 − (503,100円 − 19,600円) = 491,500円
　　　　　　　　税引前
　　　　　　　　当期純利益

この問題のポイントはこれ!!

① **永久差異**について理解しているか？

永久差異は税効果会計の対象外

・**受取配当金**の益金不算入額

・**交際費**の損金不算入額

・**寄付金**の損金不算入額

② **一時差異**について理解しているか？

・B/S計上科目と科目の意味

	B/S計上科目	科目の意味
将来減算一時差異	繰延税金資産	法人税等の**前払い**
将来加算一時差異	繰延税金負債	法人税等の**未払い**

・B/S表示にあたって相殺する（問題文の指示にしたがうこと）

繰延税金資産　←相殺→　繰延税金負債

税効果会計②

解答

問1

損 益 計 算 書
自×4年4月1日 至×5年3月31日 （単位：円）
⋮

法 人 税 等	（ 250,000 ）	
法人税等調整額	（ 11,000 ）	（ 261,000 ）

貸 借 対 照 表
×5年3月31日 （単位：円）
⋮

Ⅱ 固 定 資 産		Ⅱ 固 定 負 債	
繰延税金資産	（ － ）	繰延税金負債	（ 13,000 ）

問2

損 益 計 算 書
自×4年4月1日 至×5年3月31日 （単位：円）
⋮

法 人 税 等	（ 250,000 ）	
法 人 税 等 調 整 額	（ 11,000 ）	（ 261,000 ）

貸 借 対 照 表
×5年3月31日 （単位：円）
⋮

Ⅱ 固 定 資 産		Ⅱ 固 定 負 債	
繰延税金資産	（ － ）	繰延税金負債	（ 13,000 ）

CH
12

税効果会計

本問は税効果会計に関する問題です。税効果会計では、①解消と発生の仕訳を行う方法、②差額で求める方法が考えられますが、問1は①の方法で、問2は②の方法で説明していきます。なお、①の方法、②の方法とも結果は同じになります。

問1

1 解消の仕訳

問題文で与えられた当期解消額に法定実効税率を掛けます。

（1） **将来減算一時差異**

| （法人税等調整額） | 30,000 | （繰延税金資産） | 30,000 |

法人税等調整額：75,000円×40％＝30,000円

（2） **将来加算一時差異**

| （繰延税金負債） | 22,000 | （法人税等調整額） | 22,000 |

法人税等調整額：55,000円×40％＝22,000円

2 発生の仕訳

問題文で与えられた当期発生額に法定実効税率を掛けます。

（1） **将来減算一時差異**

| （繰延税金資産） | 25,000 | （法人税等調整額） | 25,000 |

法人税等調整額：62,500円×40％＝25,000円

（2） **将来加算一時差異**

| （法人税等調整額） | 28,000 | （繰延税金負債） | 28,000 |

法人税等調整額：70,000円×40％＝28,000円

法人税等調整額

1（1）	30,000円	**1**（2）	22,000円
2（2）	28,000円	**2**（1）	25,000円
		｝11,000円	

P/L 法人税等：250,000円

P/L 法人税等調整額：30,000円－22,000円－25,000円＋28,000円＝11,000円

3 **繰延税金資産と繰延税金負債の相殺**

(1) **勘定記入および相殺仕訳**

(単位：円)

繰延税金資産

前期末残高 50,000	解 消 額 30,000
発 生 額 25,000	} 45,000

繰延税金負債

解 消 額 22,000	前期末残高 52,000
58,000 {	発 生 額 28,000

相殺

繰延税金負債・前期末残高：2,000円＋50,000円＝52,000円

(繰延税金負債)　　45,000　　(繰延税金資産)　　45,000

B/S　繰延税金負債：58,000円－45,000円＝13,000円
　　　　　　　　繰延税金　　繰延税金
　　　　　　　　負債　　　　資産

問2

1 **差額に対する税効果の仕訳**

前期末と当期末の差額に法定実効税率を掛けます。

(1) **将来減算一時差異**

(法人税等調整額)　　5,000　　(繰延税金資産)　　5,000

繰延税金資産（減少額）：(112,500円－125,000円)×40％＝△5,000円

(2) **将来加算一時差異**

(法人税等調整額)　　6,000　　(繰延税金負債)　　6,000

繰延税金負債（増加額）：(145,000円－130,000円)×40％＝6,000円

法人税等調整額

1 (1)	5,000円	} 11,000円
1 (2)	6,000円	

P/L　法人税等：250,000円

P/L　法人税等調整額：5,000円＋6,000円＝11,000円

2 繰延税金資産と繰延税金負債の相殺

(1) 勘定記入および相殺仕訳

（単位：円）

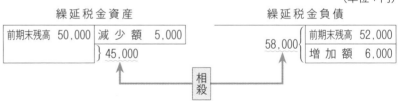

繰延税金負債・前期末残高：2,000円＋50,000円＝52,000円　または

130,000円×40％＝52,000円

（繰 延 税 金 負 債）	45,000	（繰 延 税 金 資 産）	45,000

B/S 繰延税金負債：58,000円－45,000円＝13,000円
　　　　 繰延税金　　 繰延税金
　　　　 負債　　　　 資産

この問題のポイントはこれ!!

① 一時差異について理解しているか？

・B/S計上科目と科目の意味

	B/S計上科目	科目の意味
将来減算一時差異	繰延税金資産	法人税等の**前払い**
将来加算一時差異	繰延税金負債	法人税等の**未払い**

・B/S表示にあたって相殺する（問題文の指示にしたがうこと）

繰延税金資産　←相殺→　繰延税金負債

⇒前期末B/Sは、相殺後の金額。注意書きから相殺前の金額を求める必要がある。

② 差異の発生と解消の処理を理解しているか？

・差異の発生時

将来減算一時差異

(繰 延 税 金 資 産)	×××	(法人税等調整額)	×××

将来加算一時差異

(法人税等調整額)	×××	(繰 延 税 金 負 債)	×××

・差異の解消時

将来減算一時差異

(法人税等調整額)	×××	(繰 延 税 金 資 産)	×××

将来加算一時差異

(繰 延 税 金 負 債)	×××	(法人税等調整額)	×××

解答

損 益 計 算 書

自×5年4月1日　至×6年3月31日　　　（単位：円）

$$\vdots$$

Ⅱ　売 上 原 価			
1．期首商品棚卸高	（　　　42,000　）		
2．当期商品仕入高	（　1,000,800　）		
合　　計	（　1,042,800　）		
3．期末商品棚卸高	（　　　60,000　）		
差　　引	（　　982,800　）		
4．商 品 評 価 損	（　　　2,400　）	（　　985,200　）	

$$\vdots$$

Ⅲ　販売費及び一般管理費			
1．貸倒引当金繰入	（　　　3,252　）		
2．減 価 償 却 費	（　　40,800　）		
3．退 職 給 付 費 用	（　　　6,700　）		

$$\vdots$$

税引前当期純利益		（　　200,000　）
法 人 税 等	（　　75,000　）	
法 人 税 等 調 整 額	（　△6,044　）	（　　68,956　）
当 期 純 利 益		（　　131,044　）

貸 借 対 照 表

×6年3月31日　　　　　　　（単位：円）

資産の部		負債の部	
I　流　動　資　産		I　流　動　負　債	
売　掛　金	（　240,000）	買　掛　金	（　160,000）
貸倒引当金	（　△3,840）	II　固　定　負　債	
商　　　品	（　57,600）	退職給付引当金	（　34,700）
⋮		繰延税金負債	（　5,296）
II　固　定　資　産		⋮	
建　　　物	（　480,000）	純資産の部	
減価償却累計額	（△172,800）	I　株　主　資　本	
機　　　械	（　240,000）	資　本　金	（1,000,000）
減価償却累計額	（　△30,000）	圧縮積立金	（　31,500）
投資有価証券	（　42,240）	繰越利益剰余金	（　267,544）
繰延税金資産	（　　—　）	II　評価・換算差額等	
		その他有価証券評価差額金	（　2,304）

解説

本問は税効果会計に関する総合問題です。

1　[資料 I] の空欄推定

繰延税金負債：60,000円 × 40％ ＝ 24,000円
　　　　　　　国庫補助金収入

圧縮積立金：60,000円 ×（100％ － 40％）＝ 36,000円
　　　　　　　国庫補助金収入

2　決算整理仕訳等

(1)　商品

①　売上原価の算定

（仕　　　入）	42,000	（繰　越　商　品）	42,000
（繰　越　商　品）	60,000	（仕　　　入）	60,000

P/L　期首商品棚卸高：42,000円

P/L　当期商品仕入高：1,000,800円
　　　　　　　　　　　前T/B仕入

P/L　期末商品棚卸高：60,000円

② 期末評価および税効果会計

ⅰ．前期に発生した差異の解消の仕訳

| （法人税等調整額） | 720 | （繰延税金資産） | 720 |

前期末繰延税金資産（商品評価損）：1,800円×40％＝720円

ⅱ．商品評価損を計上したときの仕訳

| （商品評価損） | 2,400 | （繰越商品） | 2,400 |

ⅲ．当期に発生した差異

| （繰延税金資産） | 960 | （法人税等調整額） | 960 |

P/L 商品評価損：60,000円－57,600円＝2,400円
　　　　　　　帳簿棚卸高　正味売却価額

B/S 商品：57,600円

当期末繰延税金資産（商品評価損）：2,400円×40％＝960円

(2) **貸倒引当金**

① 前期に発生した差異の解消の仕訳

| （法人税等調整額） | 516 | （繰延税金資産） | 516 |

前期末繰延税金資産（貸倒引当金）：1,290円×40％＝516円

② 貸倒引当金を設定したときの仕訳

| （貸倒引当金繰入） | 3,252 | （貸倒引当金） | 3,252 |

③ 当期に発生した差異

| （繰延税金資産） | 576 | （法人税等調整額） | 576 |

B/S 貸倒引当金：240,000円×1.6％＝3,840円

P/L 貸倒引当金繰入：3,840円－588円＝3,252円
　　　　　　　　　　　前T/B
　　　　　　　　　　貸倒引当金

当期末繰延税金資産（貸倒引当金）：(3,840円－2,400円)×40％＝576円
　　　　　　　　　　　　　　　　　税法上の限度額超過分
　　　　　　　　　　　　　　　　　（損金不算入）

(3) **減価償却** （建物）

① 減価償却費の計上

| （減価償却費） | 10,800 | （建物減価償却累計額） | 10,800 |

② 税効果会計

| （繰延税金資産） | 864 | （法人税等調整額） | 864 |

会計上の減価償却費：480,000円×0.9÷40年＝10,800円

税務上の減価償却費：480,000円×0.9÷50年＝8,640円

法人税等調整額：(<u>10,800円－8,640円</u>)×40％＝864円
税法上の限度額超過分(損金不算入)

B/S 建物減価償却累計額：162,000円＋10,800円＝172,800円

当期末繰延税金資産：864円×16年＝13,824円

⑷ 圧縮記帳 (機械)

① 前期の処理

ⅰ 国庫補助金の受入れ

(現 金 預 金)	60,000	(国庫補助金収入)	60,000

ⅱ 税効果会計

(法人税等調整額)	24,000	(繰 延 税 金 負 債)	24,000

法人税等調整額：60,000円×40％＝24,000円

ⅲ 圧縮積立金

(繰越利益剰余金)	36,000	(圧 縮 積 立 金)	36,000

圧縮積立金：60,000円×(100％－40％)＝36,000円

② 当期決算整理

ⅰ 減価償却費の計上

(減 価 償 却 費)	30,000	(機械減価償却累計額)	30,000

減価償却費 (機械)：240,000円÷8年＝30,000円

B/S 機械減価償却累計額：30,000円

P/L 減価償却費：10,800円＋30,000円＝40,800円

ⅱ 税効果会計

(繰 延 税 金 負 債)	3,000	(法人税等調整額)	3,000

会計上の減価償却費：30,000円

税法上の減価償却費：(240,000円－60,000円)÷8年＝22,500円

繰延税金負債：(30,000円－22,500円)×40％＝3,000円

ⅲ 圧縮積立金の取崩し

(圧 縮 積 立 金)	4,500	(繰越利益剰余金)	4,500

圧縮積立金：36,000円÷8年＝4,500円

B/S 圧縮積立金：36,000円－4,500円＝31,500円

⑸ その他有価証券

① 期首振戻（処理済み）

（その他有価証券評価差額金）	1,680	（投資有価証券）	1,680
（繰延税金負債）	672	（その他有価証券評価差額金）	672

投資有価証券：40,080円 － 38,400円 ＝ 1,680円
　　　　　　　前期末時価　　取得原価

繰延税金負債：1,680円 × 40％ ＝ 672円

② 決算整理

（投資有価証券）	3,840	（その他有価証券評価差額金）	3,840

（その他有価証券評価差額金）	1,536	（繰延税金負債）	1,536

投資有価証券（評価益）：42,240円 － 38,400円 ＝ 3,840円
　　　　　　　　　　　当期末時価　　取得原価

繰延税金負債：3,840円 × 40％ ＝ 1,536円

B/S 投資有価証券：42,240円

B/S その他有価証券評価差額金：3,840円 － 1,536円 ＝ 2,304円
　　　　　　　　　　　　　　　会計上　　　税効果

⑹ **退職給付引当金**

① 勤務費用

（退職給付費用）	5,000*	（退職給付引当金）	5,000

＊　資料 6．勤務費用より

② 利息費用

（退職給付費用）	3,200*	（退職給付引当金）	3,200

＊　80,000円 × 4％ ＝ 3,200円

③ 期待運用収益

（退職給付引当金）	1,500*	（退職給付費用）	1,500

＊　50,000円 × 3％ ＝ 1,500円

④ 年金掛金の拠出

　企業年金制度を採用しているため、年金掛金の拠出を行った際は、その分退職給付引当金を減少させます。

（退職給付引当金）	2,000*	（現　　　金）	2,000

＊　資料 6．年金掛金の拠出より

⑤ 当期の退職給付費用

P/L 退職給付費用：5,000円＋3,200円－1,500円＝6,700円

⑥ 期末退職給付引当金

B/S 退職給付引当金：30,000円＋6,700円－2,000円＝34,700円

⑦ 税効果会計

（繰延税金資産）	1,880	（法人税等調整額）	1,880*

＊ （34,700円－30,000円）×40％＝1,880円

3 繰延税金資産と繰延税金負債の相殺

⑴ 勘定記入および相殺仕訳

（単位：円）

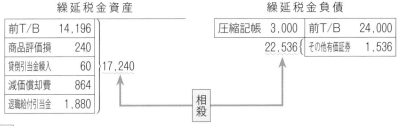

繰延税金資産		
前T/B	14,196	
商品評価損	240	
貸倒引当金繰入	60	17,240
減価償却費	864	
退職給付引当金	1,880	

繰延税金負債		
圧縮記帳	3,000	前T/B 24,000
	22,536	その他有価証券 1,536

相殺

B/S 繰延税金負債：22,536円－17,240円＝5,296円

（繰延税金負債）	17,240	（繰延税金資産）	17,240

⑵ 法人税等調整額

法人税等調整額

	法人税等調整額	
	商品評価損	240
	貸倒引当金繰入	60
6,044円	建物減価償却費	864
	機械減価償却費	3,000
	退職給付引当金	1,880

P/L 法人税等調整額（貸方）：6,044円

P/L 当期純利益：200,000円－（75,000円－6,044円）＝131,044円
　　　　　　　　　　　　法人税等　法人税等調整額

B/S 繰越利益剰余金：132,000円＋131,044円＋4,500円＝267,544円
　　　　　　　　　前T/B　　当期純利益　圧縮積立金分

CH
12

税効果会計

① **将来減算一時差異と将来加算一時差異の区別がついているか?**

棚卸資産の評価損の損金不算入額	将来**減算**一時差異 ⇒繰延税金資産
貸倒引当金の繰入限度超過額	
減価償却費の償却限度超過額	
退職給付費用の損金不算入額	
積立金方式による圧縮記帳の損金算入額	将来**加算**一時差異 ⇒繰延税金負債
その他有価証券評価差額金	評価損	将来**減算**一時差異 ⇒繰延税金資産
	評価益	将来**加算**一時差異 ⇒繰延税金負債

② **税効果会計がある場合の圧縮記帳(積立金方式)の処理を理解しているか?**

・積立時の処理

(1) 税効果会計の処理

　　⇒圧縮額について税効果会計を適用

(法人税等調整額)　×××　(繰延税金負債)　×××

　　▶ 圧縮額×法定実効税率

(2) 圧縮積立金の処理

　　⇒圧縮積立金は税効果**控除後**の金額

(繰越利益剰余金)　×××　(圧 縮 積 立 金)　×××

　　▶ 圧縮額×(1−法定実効税率)

・取崩時の処理

(1) 税効果会計の処理

　　⇒差異の解消額だけ繰延税金負債を取り崩す

(繰 延 税 金 負 債)　×××　(法人税等調整額)　×××

　　▶ 税法上と会計上の減価償却費 の差額×法定実効税率

(2) 圧縮積立金の処理

　　⇒圧縮積立金のうち減価償却費に対応する金額を取り崩す

(圧 縮 積 立 金)　×××　(繰越利益剰余金)　×××

　　▶ 取崩し方法は、 問題文の指示に従う

解答

ア	イ	ウ
一時差異	永久差異	増加
エ	オ	
未払い	負債	

解説

税効果会計に関する用語について問う問題です。

1. 会計と税法の違いから生じる差異には、税効果会計の対象となる（ **一時差異** ）と、対象にはならない（ **永久差異** ）がある。

2. （ **一時差異** ）が解消するときにその期の課税所得を（ **増加** ）させる効果があるものを将来加算一時差異といい、法人税等の（ **未払い** ）を意味する繰延税金（ **負債** ）を貸借対照表上に計上する。

商業簿記

解答

決算整理後残高試算表

×6年3月31日

（単位：千円）

現　金　預　金	（❶ 662,213 ）	支　払　手　形	（ 30,300 ）
受　取　手　形	（ 45,000 ）	買　　掛　　金	（ 46,500 ）
売　　掛　　金	（ 75,000 ）	短　期　借　入　金	（ 90,000 ）
売買目的有価証券	（❶ 13,350 ）	未　払　法　人　税　等	（❶ 43,500 ）
繰　越　商　品	（❶ 414,000 ）	社　　　　　債	（ 147,750 ）
建　　　　　物	（ 450,000 ）	退　職　給　付　引　当　金	（❶ 412,500 ）
車　　　　　両	（❶ 195,000 ）	リ　ー　ス　債　務	（❶ 120,863 ）
リ　ー　ス　資　産	（ 135,000 ）	長　期　前　受　収　益	（ 10,500 ）
（子 会 社 株 式）	（❶ 150,000 ）	繰　延　税　金　負　債	（ 600 ）
その他有価証券	（ 49,500 ）	貸　倒　引　当　金	（ 77,400 ）
長　期　貸　付　金	（ 450,000 ）	建物減価償却累計額	（ 148,500 ）
繰　延　税　金　資　産	（❶ 125,400 ）	車両減価償却累計額	（❶ 98,500 ）
仕　　　　　入	（❶ 735,000 ）	リース資産減価償却累計額	（❶ 15,000 ）
商　品　評　価　損	（ 36,000 ）	資　　本　　金	（❶ 961,500 ）
販　　売　　費	（ 102,000 ）	資　本　準　備　金	（ 211,500 ）
一　般　管　理　費	（ 85,500 ）	（その他資本剰余金）	（❶ 3,000 ）
減　価　償　却　費	（❶ 64,500 ）	利　益　準　備　金	（ 120,000 ）
退　職　給　付　費　用	（ 37,500 ）	別　途　積　立　金	（ 90,000 ）
貸　倒　引　当　金　繰　入	（❶ 75,150 ）	繰　越　利　益　剰　余　金	（ 120,000 ）
支　払　利　息	（❶ 8,550 ）	その他有価証券評価差額金	（❶ 900 ）
社　　債　　利　　息	（❶ 3,750 ）	新　株　予　約　権	（❶ 1,500 ）
法　　人　　税　　等	（ 90,000 ）	売　　　　　上	（ 1,134,000 ）
		受　取　利　息　配　当　金	（ 1,500 ）
		有　価　証　券　売　却　益	（❶ 150 ）
		（有 価 証 券 評 価 損 益）	（❶ 1,050 ）
		（仕　　入　　割　　引）	（ 60,000 ）
		（移　　転　　利　　益）	（❶ 3,000 ）
		（車　　両　　売　　却　　益）	（❶ 17,000 ）
		法　人　税　等　調　整　額	（❶ 35,400 ）
	（ 4,002,413 ）		（ 4,002,413 ）

●数字は採点基準　合計25点

解説

　　決算整理後残高試算表の作成は、実質的に損益計算書と貸借対照表の両方を作成することになるため、解答するスピードが要求されます。個々の論点をしっかりと理解するのは当然ですが、本問を通じて、解答のスピードも身につけるように、しっかりと練習してください。

1 商品売買

(1) 仕入割引の修正

（単位：千円）

（仕 入）	60,000	（仕 入 割 引）	60,000

(2) 売上原価の計算と期末商品の評価

（単位：千円）

（仕 入）	300,000	（繰 越 商 品）	300,000
（繰 越 商 品）	450,000	（仕 入）	450,000
（商 品 評 価 損）	36,000	（繰 越 商 品）	36,000

後T/B 商品評価損：450,000千円 − 414,000千円 = 36,000千円
　　　　　　　　　　期末商品原価　　期末時価

後T/B 繰越商品：414,000千円
　　　　　　　　期末時価

(3) 原価ボックス

（単位：千円）

原価ボックス

期首商品	300,000		
仕　　　入	825,000	売上原価	735,000
仕入割引	＋ 60,000	後T/B仕入	
合　　　計	885,000	期末商品	450,000

売　上　1,134,000

2 貸倒引当金（一般債権・貸倒実績率法、貸倒懸念債権・財務内容評価法、差額補充法）

　営業債権の貸倒引当金と営業外債権の貸倒引当金がありますが、本問では区別せずに後T/Bに計上します。

（単位：千円）

（貸倒引当金繰入）	75,150	（貸 倒 引 当 金）	75,150
（繰 延 税 金 資 産）	26,400	（法人税等調整額）	26,400

　一般債権の貸倒見積高：（45,000千円 + 75,000千円）× 2 ％ = 2,400千円
　　　　　　　　　　　　　　　受取手形　　　　売掛金

　貸倒懸念債権の貸倒見積高：（450,000千円 − 300,000千円）× 50％ = 75,000千円
　　　　　　　　　　　　　　　　　長期貸付金　　　　　担保

　後T/B　貸倒引当金：2,400千円 + 75,000千円 = 77,400千円

　後T/B　貸倒引当金繰入：77,400千円 − 2,250千円 = 75,150千円

　　　貸倒実績率による貸倒見積高：450,000千円 × 2 ％ = 9,000千円
　　　　　　　　　　　　　　　　　　長期貸付金

　　　将来減算一時差異の発生額：75,000千円 − 9,000千円 = 66,000千円
　　　　　　　　　　　　　　　貸倒懸念債権の
　　　　　　　　　　　　　　　貸倒見積高

　　　繰延税金資産：66,000千円 × 40％ = 26,400千円

3 売買目的有価証券（切放方式）

　切放方式を採用しているため、期首の振戻しは行いません。したがって、期首簿価にもとづいて売却株式の原価を計算し、売却損益を計上します。

(1) 計算

	A 社 株 式	B 社 株 式	C 社 株 式	合 計
期首簿価	@345円 × 20千株 = 6,900千円	@375円 × 30千株 = 11,250千円	—	18,150千円
売却原価	@345円 × 20千株 = 6,900千円	@375円 × 10千株 = 3,750千円	—	10,650千円
売却価額	@330円 × 20千株 = 6,600千円	@420円 × 10千株 = 4,200千円	—	10,800千円
売却損益	6,600千円 − 6,900千円 = △300千円	4,200千円 − 3,750千円 = + 450千円	—	+150千円
当期購入	—	—	@480円 × 10千株 = 4,800千円	4,800千円
期末簿価	—	@375円 × 20千株 = 7,500千円	@480円 × 10千株 = 4,800千円	12,300千円
期末時価	—	@405円 × 20千株 = 8,100千円	@525円 × 10千株 = 5,250千円	13,350千円
評価損益	—	8,100千円 − 7,500千円 = + 600千円	5,250千円 − 4,800千円 = + 450千円	+1,050千円

　前T/B　&　後T/B　有価証券売却益：△300千円 + 450千円 = 150千円
　　　　　　　　　　　　　　　　　A社売却分　B社売却分

　前T/B　売買目的有価証券：7,500千円 + 4,800千円 = 12,300千円
　　　　　　　　　　　　　B社期末簿価　C社期末簿価

⑵　評価替え（Ｂ社株式とＣ社株式の合計）

（単位：千円）

| （売買目的有価証券） | 1,050 | （有価証券評価損益） | 1,050 |

後T/B　有価証券評価損益：600千円＋450千円＝1,050千円
　　　　　　　　　　　　　Ｂ社株式　　Ｃ社株式

後T/B　売買目的有価証券：8,100千円＋5,250千円＝13,350千円
　　　　　　　　　　　　　Ｂ社期末時価　Ｃ社期末時価

4　会社分割とその他有価証券

⑴　会社分割の仕訳

① 期中仕訳

その他有価証券は、移転した資産の帳簿価額45,000千円で計上されています。

（単位：千円）

| （その他有価証券） | 45,000 | （諸　　資　　産） | 45,000 |

② 適正仕訳

関係会社にならない場合には、取得した株式を時価で計上し、移転した資産の帳簿価額との差額は、移転損益として処理します。

（単位：千円）

| （その他有価証券） | 48,000 | （諸　　資　　産） | 45,000 |
| | | （移　転　利　益） | 3,000 |

後T/B　移転利益：48,000千円－45,000千円＝3,000千円
　　　　　　　　　会社分割時　　移転資産
　　　　　　　　　の時価　　　　の簿価

③ 修正仕訳（②－①）

（単位：千円）

| （その他有価証券） | 3,000 | （移　転　利　益） | 3,000 |

⑵　評価替え

本問では、全部純資産直入法か部分純資産直入法かの指示がありませんが、簿価よりも期末時価のほうが高いため、どちらの方法であっても、評価差額は純資産直入されることになります。

（単位：千円）

| （その他有価証券） | 1,500 | （繰延税金負債） | 600 |
| | | （その他有価証券評価差額金） | 900 |

その他有価証券（評価差額）：49,500千円 − 48,000千円 = 1,500千円
　　　　　　　　　　　　　　後T/Bその他　修正後の簿価
　　　　　　　　　　　　　　　有価証券

後T/B 繰延税金負債：1,500千円 × 40% = 600千円

後T/B その他有価証券評価差額金：1,500千円 − 600千円 = 900千円

5 建 物

（単位：千円）

（減 価 償 却 費）	13,500	（建物減価償却累計額）	13,500

減価償却費：450,000千円 × 0.9 ÷ 30年 = 13,500千円

後T/B 建物減価償却累計額：135,000千円 + 13,500千円 = 148,500千円

6 車 両

(1) 買換え

買換えについての仕訳が、支払金額を仮払金として処理しただけなので、適正な仕訳に修正します。

① 期中仕訳

（単位：千円）

（仮 払 金）	45,000	（現 金 預 金）	45,000

現金預金（追加支払額）：75,000千円 − 30,000千円 = 45,000千円
　　　　　　　　　　　新車両の　　下取価格
　　　　　　　　　　　購入価額

② 適正仕訳

旧車両を下取価格で売却したと仮定し、旧車両の帳簿価額と下取価格との差額を売却損益として計上します。

（単位：千円）

（車両減価償却累計額）	36,000	（車 両）	60,000
（減 価 償 却 費）	11,000	（車 両 売 却 益）	17,000
（車 両）	75,000	（現 金 預 金）	45,000

減価償却費（売却車両分）：60,000千円 ÷ 5年 × $\dfrac{11か月}{12か月}$ = 11,000千円

後T/B 車両売却益：30,000千円 − (60,000千円 − 36,000千円 − 11,000千円) = 17,000千円
　　　　　　　　下取価格　　　　　　　　買換時帳簿価額13,000千円

246

③　修正仕訳

（単位：千円）

（車両減価償却累計額）	36,000	（車　　　　両）	60,000
（減 価 償 却 費）	11,000	（車 両 売 却 益）	17,000
（車　　　　両）	75,000	（仮　払　金）	45,000

(2) 減価償却

売却した車両以外の減価償却費と、新車両の減価償却費を計上します。

（単位：千円）

| （減 価 償 却 費） | 26,500 | （車両減価償却累計額） | 26,500 |

減価償却費（新車両）：$75,000 千円 \div 5 年 \times \dfrac{2 か月}{12 か月} = 2,500 千円$

減価償却費（その他車両）：$(180,000 千円 - 60,000 千円) \div 5 年 = 24,000 千円$

合計 26,500千円

後T/B　車両：180,000千円 − 60,000千円 + 75,000千円 = 195,000千円

後T/B　車両減価償却累計額：108,000千円 − 36,000千円 + 26,500千円 = 98,500千円

7 備 品（セール・アンド・リースバック取引）

セール・アンド・リースバック取引によって備品をリースしていますが、契約時に受け取った金額を仮受金処理しているだけなので、適正な仕訳に修正します。

(1) 契約時（当期首）

①　期中仕訳

（単位：千円）

| （現 金 預 金） | 135,000 | （仮　受　金） | 135,000 |

②　適正仕訳

（単位：千円）

（備品減価償却累計額）	27,000	（備　　　　品）	150,000
（現 金 預 金）	135,000	（長 期 前 受 収 益）	12,000
（リ ー ス 資 産）	135,000	（リ ー ス 債 務）	135,000

長期前受収益（売却益）：135,000千円 − (150,000千円 − 27,000千円) = 12,000千円
　　　　　　　　　　売却価額　　　　　　帳簿価額123,000千円

③ 修正仕訳

（単位：千円）

（備品減価償却累計額）	27,000	（備　　　　品）	150,000
（仮　受　金）	135,000	（長期前受収益）	12,000
（リース資産）	135,000	（リース債務）	135,000

(2) 決算時

① リース料の支払い

（単位：千円）

（支払利息）	6,750	（現金預金）	20,887
（リース債務）	14,137		

支払利息：135,000千円 × 5 ％ ＝ 6,750千円
　　　　　 期首リース債務

リース債務返済額：20,887千円 － 6,750千円 ＝ 14,137千円
　　　　　　　　　　リース料　　　支払利息

後T/B 現金預金：683,100千円 － 20,887千円 ＝ 662,213千円

後T/B 支払利息：1,800千円 ＋ 6,750千円 ＝ 8,550千円

後T/B リース債務：135,000千円 － 14,137千円 ＝ 120,863千円

② 減価償却と長期前受収益の配分

（単位：千円）

（減価償却費）	15,000	（リース資産減価償却累計額）	15,000
（長期前受収益）	1,500	（減価償却費）	1,500

減価償却費：（135,000千円 － 150,000千円 × 0.1）÷ 8 年 ＝ 15,000千円

長期前受収益（当期配分額）：12,000千円 ÷ 8 年 ＝ 1,500千円

後T/B 減価償却費：13,500千円 ＋ 11,000千円 ＋ 26,500千円 ＋（15,000千円 － 1,500千円）
　　　　　　　　　　建物　　　　旧車両　　　新車両＋　　　　　リース資産分13,500千円
　　　　　　　　　　　　　　　　　　　　　その他車両
　　　　　　　　＝ 64,500千円

後T/B 長期前受収益：12,000千円 － 1,500千円 ＝ 10,500千円

8 退職給付費用の計上

退職給付費用を計上するとともに、退職給付引当金の繰入限度超過額に法定実効税率である40%を掛けて税効果会計を適用します。

（単位：千円）

（退職給付費用）	37,500	（退職給付引当金）	37,500
（繰延税金資産）	9,000	（法人税等調整額）	9,000

繰延税金資産：$(247,500千円 - 225,000千円) \times 40\% = 9,000千円$
　　　　　　　　　　　将来減算一時差異の
　　　　　　　　　　　当期発生額22,500千円

後T/B　退職給付引当金：$375,000千円 + 37,500千円 = 412,500千円$

後T/B　繰延税金資産：$90,000千円 + 26,400千円 + 9,000千円 = 125,400千円$
　　　　　　　　　　　前T/B　　　貸倒引当金分　　退職給付
　　　　　　　　　　　　　　　　　　　　　　　　引当金分

後T/B　法人税等調整額：$26,400千円 + 9,000千円 = 35,400千円$（貸方）
　　　　　　　　　　　　貸倒引当金分　退職給付
　　　　　　　　　　　　　　　　　　引当金分

9　新株予約権付社債

　区分法によって処理し、また、社債による払込みではないため、新株予約権の行使では社債を減額しません。

(1)　新株予約権の行使（すべて自己株式の移転）

　①　期中仕訳

（単位：千円）

（現　金　預　金）	75,000	（仮　　受　　金）	75,000

　②　適正仕訳

（単位：千円）

（現　金　預　金）	75,000	（自　己　株　式）	73,500
（新　株　予　約　権）	1,500	（その他資本剰余金）	3,000

　新株予約権（権利行使分）：$3,000千円 \times \dfrac{1}{2} = 1,500千円$

後T/B　その他資本剰余金：$(75,000千円 + 1,500千円) - 73,500千円 = 3,000千円$

　③　修正仕訳（②−①）

（単位：千円）

（仮　　受　　金）	75,000	（自　己　株　式）	73,500
（新　株　予　約　権）	1,500	（その他資本剰余金）	3,000

後T/B　新株予約権：$3,000千円 - 1,500千円 = 1,500千円$
　　　　　　　　　　前T/B　　権利行使分

(2)　償却原価法（定額法）

（単位：千円）

（社　債　利　息）	750	（社　　　　　債）	750

社債利息（償却）：$(150,000千円 - 147,000千円) \times \dfrac{12か月}{48か月} = 750千円$
　　　　　　　　　額面金額　　　払込金額

| 後T/B | 社債：147,000千円 + 750千円 = 147,750千円

前T/B　　　当期償却額

| 後T/B | 社債利息：3,000千円 + 750千円 = 3,750千円

前T/B　　　当期償却額

10 株式交換（自己株式の処分と新株式の発行）

当社を取得企業とする株式交換により取得した子会社株式は、当社株式の時価で評価します。

（単位：千円）

（子 会 社 株 式）	150,000	（自 己 株 式）	27,000
		（資 本 金）	61,500
		（資 本 準 備 金）	61,500

増加する資本金および資本準備金：$(150{,}000千円 - 27{,}000千円) \times \dfrac{1}{2} = 61{,}500千円$

| 後T/B | 資本金：900,000千円 + 61,500千円 = 961,500千円

前T/B　　　払込資本による
　　　　　　増加

| 後T/B | 資本準備金：150,000千円 + 61,500千円 = 211,500千円

前T/B　　　払込資本による
　　　　　　増加

11 法人税等の計上

［資料Ⅱ］に課税所得が与えられているので、課税所得に40％の税率を掛けて法人税等の額を計算します。

（単位：千円）

| （法 人 税 等） | 90,000 | （仮 払 法 人 税 等） | 46,500 |
| | | （未 払 法 人 税 等） | 43,500 |

| 後T/B | 法人税等：225,000千円 × 40％ = 90,000千円

| 後T/B | 未払法人税等：90,000千円 - 46,500千円 = 43,500千円

法人税等　　　仮払法人税等

会計学

 解答

第1問

(1)	(2)	(3)	(4)	(5)
○	○	×	○	○

各❶

第2問

問1	減 損 損 失	❸	66,250 千円
問2	資 産 除 去 債 務	❸	26,670 千円
	減 価 償 却 費	❷	132,437 千円

第3問

	前期末の退職給付債務	❶	98,679	千円	
問1	当期末の退職給付債務	❶	105,399	千円	または 105,400 千円
	当 期 の 勤 務 費 用	❶	2,774	千円	
	当 期 の 利 息 費 用	❶	3,947	千円	
問2	当期末の退職給付引当金	❷	94,400	千円	
	当 期 の 退 職 給 付 費 用	❷	15,400	千円	
問3	当期末の退職給付引当金	❷	97,600	千円	
	当 期 の 退 職 給 付 費 用	❷	18,600	千円	

●数字は採点基準　合計25点

　第1問は正誤問題、第2問は固定資産の会計処理、第3問は退職給付会計に関する出題です。固定資産に関する論点は多岐にわたりますが、減価償却と減損会計は商業簿記でも出題される重要度の高い論点であるため、本問を通じてその処理方法を再度確認してください。また、退職給付会計は、会計学で計算問題として出題された場合には、それなりの難易度になることが予想されるため、しっかりと対策をとってください。

第1問　正誤問題

⑴　金融資産および金融負債の発生の認識

「金融商品に関する会計基準」

7.　金融資産の契約上の権利又は金融負債の契約上の義務を生じさせる契約を締結したときは、原則として、当該金融資産又は金融負債の発生を認識しなければならない。

（注3）商品等の売買又は役務の提供の対価に係る金銭債権債務は、原則として、当該商品等の受渡し又は役務提供の完了によりその発生を認識する。

⑵　資産除去債務の算定および負債計上

「資産除去債務に関する会計基準」

4.　資産除去債務は、有形固定資産の取得、建設、開発又は通常の使用によって発生した時に負債として計上する。

6.　資産除去債務はそれが発生したときに、有形固定資産の除去に要する割引前の将来キャッシュ・フローを見積り、割引後の金額（割引価値）で算定する。

⑶　ファイナンス・リース取引の会計処理（借手）

「リース取引に関する会計基準」

15.　オペレーティング・リース取引については、通常の賃貸借取引に係る方法に準じて会計処理を行う。

(4)　自己株式の会計処理

「自己株式及び準備金の額の減少等に関する会計基準」

9.　自己株式処分差益は、その他資本剰余金に計上する。

10.　自己株式処分差損は、その他資本剰余金から減額する。

11.　自己株式を消却した場合には、消却手続が完了したときに、消却の対象となった自己株式の帳簿価額をその他資本剰余金から減額する。

12.　第10項及び第11項の会計処理の結果、その他資本剰余金の残高が負の値となった場合には、会計期間末において、その他資本剰余金を零とし、当該負の値をその他利益剰余金（繰越利益剰余金）から減額する。

(5)　税効果会計の目的

「税効果会計に係る会計基準　第一」

　税効果会計は、企業会計上の資産又は負債の額と課税所得計算上の資産又は負債の額に相違がある場合において、法人税その他利益に関連する金額を課税標準とする税金（以下「法人税等」という。）の額を適切に期間配分することにより、法人税等を控除する前の当期純利益と法人税等を合理的に対応させることを目的とする手続である。

第2問　固定資産の会計処理

問1　減損会計（減損損失の認識と測定）

1．減損損失の認識

帳 簿 価 額：675,000千円 − 303,750千円 = 371,250千円
　　　　　　　　　取得原価　　　減価償却累計額

割引前将来CF：93,750千円 + 80,000千円 + 101,250千円 + 62,500千円
　　　　　　　　　1年目　　　　2年目　　　　3年目　　　正味売却価額

　　　　　　　= 337,500千円

371,250千円 > 337,500千円
　帳簿価額　　　割引前将来CF

∴減損損失を認識する。

2．減損損失の測定

(1) 使用価値の算定

正味売却価額は最終年度のCFに含めます。

1 年 目　　89,286千円 ≒ 93,750千円 ÷ 1.05

2 年 目　　72,562千円 ≒ 80,000千円 ÷ 1.05^2

3 年 目　　<u>141,453千円</u> ≒ (101,250千円 + 62,500千円) ÷ 1.05^3

使用価値　<u>303,301千円</u>

(2) 減損損失の計算

305,000千円 ＞ 303,301千円
　正味売却価額　　　使用価値

∴正味売却価額305,000千円を回収可能価額とします。

減損損失：371,250千円 － 305,000千円 ＝ 66,250千円… 問1
　　　　　帳簿価額　　　回収可能価額

問2 **資産除去債務**

1．当期首の仕訳

(1) 機械の取得

（単位：千円）

（機 械）	500,000	（現 金 預 金）	500,000

(2) 資産除去債務の計上

資産除去債務は発生したときに、有形固定資産の除去に要する割引前の将来キャッシュ・フローを見積り、割引後の金額（割引価値）で算定します。また、資産除去債務に対応する除去費用は、資産除去債務を負債として計上したときに、当該負債の計上額と同額を、関連する有形固定資産の帳簿価額に加えます。

（単位：千円）

（機 械）	25,644*	（資 産 除 去 債 務）	25,644

＊　30,000千円 ÷ 1.04^4 ≒ 25,644千円
　　　　　当期首の
　　　　　資産除去債務

2．決算時の仕訳

(1) 機械の減価償却費

（単位：千円）

（減 価 償 却 費）	125,000*	（減価償却累計額）	125,000

＊　500,000千円 ÷ 4 年 ＝ 125,000千円

(2) **除去費用の費用配分**

資産計上された資産除去債務に対応する除去費用は、減価償却を通じて、有形固定資産の残存耐用年数にわたり、各期に費用配分します。

（単位：千円）

（減 価 償 却 費）	6,411*	（減価償却累計額）	6,411

 * 25,644千円 ÷ 4 年 = 6,411千円

(3) **時の経過による資産除去債務の調整**

時の経過による資産除去債務の調整額は、その発生時の費用として処理します。なお、調整額は、期首の負債の帳簿価額に当期負債計上時の割引率を掛けて算定します。

（単位：千円）

（減 価 償 却 費） 利息費用	1,026*	（資 産 除 去 債 務）	1,026

 * 25,644千円 × 0.04 ≒ 1,026千円

∴資産除去債務：25,644千円 + 1,026千円 = 26,670千円… 問 2

  減 価 償 却 費：125,000千円 + 6,411千円 + 1,026千円

      = 132,437千円… 問 2

第3問　退職給付会計

問1　退職給付債務等の計算

退職給付債務は、退職給付見込額のうち認識時までに発生していると認められる額を一定の割引率および残存勤務期間にもとづき割り引いて計算します。

(1) **前期末の退職給付債務（37年勤務、残存勤務期間 3 年）**

前期末までの発生額：$120{,}000千円 \times \dfrac{37年}{40年} = 111{,}000千円$
       退職給付見込額

前期末の退職給付債務：$111{,}000千円 \div 1.04^3 ≒ 98{,}679千円$

(2) **当期末の退職給付債務（38年勤務、残存勤務期間 2 年）**

当期末までの発生額：$120{,}000千円 \times \dfrac{38年}{40年} = 114{,}000千円$
       退職給付見込額

当期末の退職給付債務：$114{,}000千円 \div 1.04^2 ≒ 105{,}399千円$（別解は後述）

(3) **当期の勤務費用**

勤務費用は、退職給付見込額のうち当期に発生したと認められる額を一定の割引率および残存勤務期間にもとづき割り引いて計算します。

$$当期の発生額：120,000千円 \times \frac{1年}{40年} = 3,000千円$$
　　　　　　　　　　　退職給付見込額

当期の勤務費用：$3,000千円 \div 1.04^2 \fallingdotseq 2,774千円$

⑷ **当期の利息費用**

利息費用は、期首の退職給付債務に割引率を乗じて計算します。

当期の利息費用：$98,679千円 \times 4\% \fallingdotseq 3,947千円$
　　　　　　　　　期首（前期末）の
　　　　　　　　　退職給付債務

なお、上記4つの項目の関係をタイム・テーブルで表すと次のとおりです。

（単位：千円）

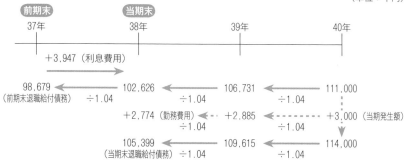

（別解）当期の勤務費用と利息費用を当期末退職給付債務より先に計算した場合には、

　　　　当期末退職給付債務：$98,679千円 + 3,947千円 + 2,774千円 = 105,400千円$
　　　　　　　　　　　　　　　前期末　　　　当期の　　　　当期の
　　　　　　　　　　　　　　退職給付債務　　利息費用　　　勤務費用

　　　となります。

問2　**退職給付費用・退職給付引当金**

⑴ **当期首の状況**

　　　当期首の退職給付債務224,000千円から年金資産96,000千円を控除したあるべき
　　引当金残高128,000千円と実際残高とのズレの原因は、当期首の未認識数理計算
　　上の差異2,600千円になります。

年　金　資　産	96,000千円	退 職 給 付 債 務	224,000千円
未認識数理計算上の差異	2,600千円		
退職給付引当金（期首）	125,400千円	あるべき引当金	128,000千円

(2)　退職給付費用の計上

（単位：千円）

| （退職給付費用）
勤務費用 | 10,080 | （退職給付引当金）
退職給付債務 | 10,080 |

（単位：千円）

| （退職給付費用）
利息費用 | 6,720 | （退職給付引当金）
退職給付債務 | 6,720 |

退職給付費用（利息費用）：224,000千円 × 3 ％ ＝ 6,720千円

（単位：千円）

| （退職給付引当金）
年金資産 | 1,920 | （退職給付費用）
期待運用収益 | 1,920 |

退職給付費用（期待運用収益）：96,000千円 × 2 ％ ＝ 1,920千円

(3)　年金掛金の拠出

（単位：千円）

| （退職給付引当金）
年金資産 | 28,800 | （現　金　な　ど） | 28,800 |

(4)　退職一時金の支給

（単位：千円）

| （退職給付引当金）
退職給付債務 | 17,600 | （現　金　な　ど） | 17,600 |

(5)　年金基金からの支給

仕　訳　な　し

(6)　数理計算上の差異（前期分）の費用処理

（単位：千円）

| （退職給付費用）
数理差異費用 | 520 | （退職給付引当金）
未認識数理計算上の差異 | 520 |

退職給付費用：2,600千円 × 20％ ＝ 520千円
当期首未認識
数理計算上の差異

(7) まとめ

年 金 資 産

期首年金資産 96,000千円	年金基金から支給 8,000千円
期待運用収益 1,920千円	期末年金資産 118,720千円
年金掛金の拠出 28,800千円	

退職給付債務

一時金支給 17,600千円	期首退職給付債務 224,000千円
年金基金から支給 8,000千円	
期末退職給付債務 215,200千円	勤務費用 10,080千円
	利息費用 6,720千円

退職給付費用

勤務費用 10,080千円	期待運用収益 1,920千円
利息費用 6,720千円	P/L 退職給付費用 15,400千円
数理差異費用(前期分) 520千円	

退職給付引当金

年金掛金の拠出 28,800千円	期首残高 125,400千円
一時金支給 17,600千円	
B/S 退職給付引当金 94,400千円	退職給付費用 15,400千円

未認識数理計算上の差異

数理計算上の差異(前期分) 2,600千円	数理差異費用(前期分) 520千円
	期末残高 2,080千円

問3 数理計算上の差異の把握

(1) 数理計算上の差異（当期分）の費用処理

　　見積りによる年金資産および退職給付債務の期末残高と実際残高との差額で数理計算上の差異を把握します。なお、年金資産は、見積額よりも実際額が少ないので不利差異（借方差異）に、退職給付債務（負債）は、実際額が見積額よりも多いので不利差異（借方差異）になります。

(単位：千円)

（退職給付費用）	3,200	（退職給付引当金）	3,200
数理差異費用(当期分)		未認識数理計算上の差異	

258

期末年金資産：109,120千円 － 118,720千円 ＝△9,600千円（不利差異）
　　　　　　　　実際　　　　　　　見積

期末退職給付債務：215,200千円 － 221,600千円 ＝△6,400千円（不利差異）
　　　　　　　　　　見積　　　　　　　実際

退職給付費用：（9,600千円 ＋ 6,400千円）× 20％ ＝ 3,200千円
　　　　　　　期末年金資産　期末退職
　　　　　　　　　　　　　　給付債務

(2) まとめ

年　金　資　産

期首年金資産 96,000千円	年金基金から支給 8,000千円
	数理計算上の差異 9,600千円
期待運用収益 1,920千円	
年金掛金の拠出 28,800千円	期末年金資産 109,120千円

退職給付債務

一時金支給 17,600千円	期首退職給付債務 224,000千円
年金基金から支給 8,000千円	勤務費用 10,080千円
期末退職給付債務 221,600千円	利息費用 6,720千円
	数理計算上の差異 6,400千円

退職給付費用

勤務費用 10,080千円	期待運用収益 1,920千円
利息費用 6,720千円	P/L 退職給付費用 18,600千円
数理差異費用(前期分) 520千円	
数理差異費用(当期分) 3,200千円	

退職給付引当金

年金掛金の拠出 28,800千円	期首残高 125,400千円
一時金支給 17,600千円	
B/S 退職給付引当金 97,600千円	退職給付費用 18,600千円

未認識数理計算上の差異

数理計算上の差異(前期分) 2,600千円	償却分(前期分) 520千円
数理計算上の差異 9,600千円	償却分(当期分) 3,200千円
数理計算上の差異 6,400千円	期末残高 14,880千円

商業簿記

解答

貸借対照表

東北株式会社　　　　　　　　　　　×3年3月31日　　　　　　　　　（単位：千円）

資産の部		負債の部	
Ⅰ　流　動　資　産		Ⅰ　流　動　負　債	
現　金　預　金	（❷　1,167,500）	買　　掛　　金	（❷　　336,000）
受　取　手　形	（　　661,000）	短　期　借　入　金	50,000
売　　掛　　金	（　　714,000）	未　　払　　金	（　　14,000）
貸　倒　引　当　金	（❷△　27,500）	未　払　法　人　税　等	（　　360,000）
有　価　証　券	（　　40,000）	Ⅱ　固　定　負　債	
商　　　　品	（❷　177,840）	社　　　　債	（❷　　145,200）
為　替　予　約	（　　20,000）	長　期　借　入　金	70,000
（未　収　収　益）	（❷　6,250）	繰　延　税　金　負　債	（　　　　―）
Ⅱ　固　定　資　産		負　債　合　計	（　　975,200）
1．有形固定資産		純資産の部	
建　　　　物	（　　600,000）	Ⅰ　株　主　資　本	
減価償却累計額	（△　243,000）	1．資　　本　　金	（❷　2,700,200）
備　　　　品	（❷　150,000）	2．資　本　剰　余　金	
減価償却累計額	（△　73,200）	(1)資　本　準　備　金	（　　150,200）
土　　　　地	1,250,000	(2)(その他資本剰余金)	（　　150,000）
2．無形固定資産		3．利　益　剰　余　金	
（の　れ　ん）	（　　72,000）	(1)利　益　準　備　金	57,500
3．投資その他の資産		(2)その他利益剰余金	
（投資有価証券）	（❷　56,000）	別　途　積　立　金	75,000
（関係会社株式）	（　　300,000）	繰　越　利　益　剰　余　金	（❶　1,404,890）
（長　期　性　預　金）	（　　500,000）	4．(自　己　株　式)	（△　25,000）
長　期　貸　付　金	100,000	Ⅱ　評　価・換　算　差　額　等	
貸　倒　引　当　金	（△　2,000）	1．その他有価証券評価差額金	（　　2,700）
繰　延　税　金　資　産	（❷　12,800）	2．(繰延ヘッジ損益)	（❷　12,000）
Ⅲ　繰　延　資　産		Ⅲ　(新　株　予　約　権)	（　　6,000）
（開　発　費）	（❷　27,000）	純　資　産　合　計	（　4,533,490）
資　産　合　計	（　5,508,690）	負債・純資産合計	（　5,508,690）

●数字は採点基準　合計25点

解説

　本問は貸借対照表を作成する問題です。本問を通して、貸借対照表作成の基礎的な考え方が理解できているか、具体的な計算方法がマスターできているかを確認してください。

1 商品売買

(1) 販売数量と期末帳簿棚卸数量の推定

販売数量：4,800,000千円 ÷ @120千円 = 40,000個
　　　　　　<u>前T/B売上</u>　　　　<u>販売単価</u>

期末帳簿棚卸数量：3,000個 + 20,000個 + 21,000個 − 40,000個 = 4,000個
　　　　　　　　　　<u>期首商品</u>　<u>第1回仕入</u>　<u>第2回仕入</u>　<u>販売数量</u>

(2) 期首商品および当期仕入高の推定

期首商品（単価）：@0.5千ドル × @110円 = @55千円

期首商品（金額）：@55千円 × 3,000個 = 165,000千円
　　　　　　　　　　　　　　　　　　<u>前T/B繰越商品</u>

第1回仕入（単価）：@0.6千ドル × @114円 = @68.4千円

第1回仕入（金額）：@68.4千円 × 20,000個 = 1,368,000千円 ─┐
　　　　　　　　　　　　　　　　　　　　　　　　　　　　　├▶ 前T/B仕入：
第2回仕入（単価）：@0.4千ドル × @116円 = @46.4千円　　　　│　　2,342,400千円
　　　　　　　　　　　　　　　　　　　　　　　　　　　　　│
第2回仕入（金額）：@46.4千円 × 21,000個 = 974,400千円 ──┘

∴前T/B繰越利益剰余金：272,350千円（貸借差額）

(3) 売上原価の算定（先入先出法）

原価ボックス

期首商品 @55千円×3,000個 =165,000千円	売上原価 @55千円×3,000個 =165,000千円	販売数量　40,000個 2,321,800千円
第1回仕入 @68.4千円×20,000個 =1,368,000千円	@68.4千円×20,000個 =1,368,000千円	
第2回仕入 @46.4千円×21,000個 =974,400千円	@46.4千円×17,000個 =788,800千円	
	期末商品 @46.4千円×4,000個 =185,600千円	期末数量　4,000個 185,600千円

(4) 期末商品の評価

@46.4千円

商品評価損　3,120千円

@45.6千円

B/S商品　177,840千円

棚卸減耗費 4,640千円

3,900個　　　4,000個

100個

期末商品時価（円貨）：@0.38千ドル×@120円＝@45.6千円
　　　　　　　　　　　　外貨時価　　　CR

棚卸減耗費：@46.4千円×（4,000個－3,900個）＝4,640千円

商品評価損：（@46.4千円－@45.6千円）×3,900個＝3,120千円

B/S 商品：@45.6千円×3,900個＝177,840千円　　または

　　　　185,600千円－4,640千円－3,120千円＝177,840千円
　　　　期末商品棚卸高　　棚卸減耗費　　商品評価損

(5) 仕　訳

（単位：千円）

（仕　　　　　　入）	165,000	（繰　越　商　品）	165,000
（繰　越　商　品）	185,600	（仕　　　　　　入）	185,600
（棚　卸　減　耗　費）	4,640	（繰　越　商　品）	7,760
（商　品　評　価　損）	3,120		

2 買掛金の換算替え

買掛金は貨幣項目なので、決算時の為替相場で換算替えをします。

（単位：千円）

| （為　替　差　損　益） | 11,200 | （買　　掛　　金） | 11,200 |

期末買掛金（外貨）：324,800千円÷@116円＝2,800千ドル
　　　　　　　　　　前T/B買掛金　　第2回
　　　　　　　　　　　　　　　　仕入時HR

B/S 買掛金：2,800千ドル×@120円＝336,000千円
　　　　　　　　　　　　　　CR

為替差損：324,800千円－336,000千円＝△11,200千円

3 予定取引に対する繰延ヘッジ会計

（単位：千円）

（為　替　予　約）	20,000	（繰延税金負債）	8,000
		（繰延ヘッジ損益）	12,000
		評価・換算差額等	

B/S 為替予約：10,000千ドル×（@119円－@117円）＝20,000千円
　　　　　　　　　　　　　　決算時のFR　予約時のFR

　　　繰延税金負債：20,000千円×40％＝8,000千円

B/S 繰延ヘッジ損益（評価・換算差額等）：20,000千円－8,000千円＝12,000千円

（参　考）予定取引に対する繰延ヘッジ

　　為替予約を行った場合には、原則として、正味の債権・債務（為替予約）を時価（先物為替相場）により計上し、評価差額（先物為替相場の変動額）を当期の損益（為替差損益）として処理します。

（単位：千円）

（為　替　予　約）	20,000	（為　替　差　損　益）	20,000

　　ただし、本問では、予定取引をヘッジする目的で為替予約が行われているため、繰延ヘッジ会計を適用します。つまり、当期の損益である「為替差損益」を繰り延べるために「繰延ヘッジ損益」（評価・換算差額等）を用いて処理します。また、「繰延ヘッジ損益」は、その他有価証券評価差額金と同様に税効果会計の対象となるため、実効税率を掛けた額を「繰延税金資産」（借方の場合）または「繰延税金負債」（貸方の場合）として計上し、残額を「繰延ヘッジ損益」として計上します。

---

4 現金預金

（1）現　金

　　帳簿残高と実際有高の差額を雑損または雑益として計上します。

雑損：190,000千円－190,500千円＝△500千円

（単位：千円）

（受 取 手 形） 7,500	（現 金 預 金）	7,500
（現 金 預 金） 10,000	（受取利息配当金）	10,000
（雑 損） 500	（現 金 預 金）	500

B/S 受取手形：653,500千円 + 7,500千円 = 661,000千円
　　　　 前T/B受取手形　先日付小切手

(2) 当座預金

当座預金出納帳残高は、銀行勘定調整表の貸借差額で求めます。

銀行勘定調整表

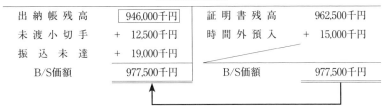

（単位：千円）

（現 金 預 金）	12,500	（未 払 金）	12,500
（現 金 預 金）	19,000	（売 掛 金）	19,000

B/S 売掛金：733,000千円 − 19,000千円 = 714,000千円
　　　 前T/B売掛金

B/S 未払金：1,500千円 + 12,500千円 = 14,000千円
　　　 前T/B未払金

(3) 定期預金

定期預金の満期日は×4年4月30日であり、貸借対照表日（×3年3月31日）の翌日から起算して1年を超えるため長期性預金とします。

（単位：千円）

（長 期 性 預 金）	500,000	（現 金 預 金）	500,000
（未 収 収 益）	6,250	（受取利息配当金）	6,250

B/S 長期性預金：1,634,000千円 − 188,000千円 − 946,000千円 = 500,000千円
　　　　　　 前T/B現金預金　　 現金出納帳　　 当座預金出納帳

B/S 未収収益：500,000千円 × 3% × $\dfrac{5か月}{12か月}$ = 6,250千円

B/S 現金預金：190,000千円 + 977,500千円 = 1,167,500千円
　　　　　　 現金　　　 当座預金

---

5 貸倒引当金（貸倒実績率法、仕訳は差額補充法と仮定）

貸倒引当金を債権ごとに流動と固定に分類します。

(単位：千円)

| （貸倒引当金繰入） | 22,500 | （貸 倒 引 当 金） | 22,500 |

B/S　貸倒引当金（流動）：（661,000千円＋714,000千円）×2％＝27,500千円
　　　　　　　　　　　受取手形　　　売掛金

B/S　貸倒引当金（固定）：100,000千円×2％＝2,000千円
　　　　　　　　　　長期貸付金

　　　貸倒引当金繰入：27,500千円＋2,000千円－7,000千円＝22,500千円
　　　　　　　　　　　　　　　　前T/B貸倒引当金

6　有価証券

　本問は貸借対照表の作成問題なので、勘定科目を分類にあわせて振り替えます。

(1)　C社株式 → 売買目的有価証券＝有価証券

(単位：千円)

| （有価証券評価損益） | 2,500 | （有 価 証 券） | 2,500 |
| （有 価 証 券） | 5,000 | （有価証券評価損益） | 5,000 |

　有価証券評価損益（期首振戻し）：35,000千円－37,500千円＝△2,500千円
　　　　　　　　　　　　　　　C社株式原価　C社株式簿価

　有価証券評価損益（期末評価替え）：40,000千円－35,000千円＝5,000千円
　　　　　　　　　　　　　　　　C社株式時価　　C社株式原価

(2)　D社株式 → その他有価証券＝投資有価証券（部分純資産直入法）

(単位：千円)

（投 資 有 価 証 券）	31,000	（有 価 証 券）	31,000
（繰 延 税 金 負 債）	400	（投 資 有 価 証 券）	1,000
（その他有価証券評価差額金）	600		
（投 資 有 価 証 券）	4,500	（繰 延 税 金 負 債）	1,800
		（その他有価証券評価差額金）	2,700

①　期首振戻し

　　投資有価証券（期首振戻し）：30,000千円－31,000千円＝△1,000千円
　　　　　　　　　　　　　　D社株式原価　D社株式簿価

　　繰延税金負債：1,000千円×40％＝400千円

　　その他有価証券評価差額金：1,000千円－400千円＝600千円

②　期末評価替え

　　投資有価証券（期末評価替え）：34,500千円－30,000千円＝4,500千円
　　　　　　　　　　　　　　　D社株式時価　D社株式原価

　　繰延税金負債：4,500千円×40％＝1,800千円

　　その他有価証券評価差額金：4,500千円－1,800千円＝2,700千円

⑶ E社株式 → その他有価証券＝投資有価証券（部分純資産直入法）

東北株式会社では部分純資産直入法を採用しています。E社株式には評価損が出ているため、差額を費用として計上します。

（単位：千円）

（投資有価証券）E社株式簿価	23,000	（有価証券）E社株式簿価	23,000
（投資有価証券）	2,000	（投資有価証券評価損益）	2,000
（法人税等調整額）	800	（繰延税金資産）	800
（投資有価証券評価損益）	3,500	（投資有価証券）	3,500
（繰延税金資産）	1,400	（法人税等調整額）	1,400

① 期首振戻し

投資有価証券（期首振戻し）：25,000千円 － 23,000千円 ＝ 2,000千円
　　　　　　　　　　　　　E社株式原価　　E社株式簿価

繰延税金資産：2,000千円 × 40％ ＝ 800千円

② 期末評価替え

投資有価証券（期末評価替え）：21,500千円 － 25,000千円 ＝ △3,500千円
　　　　　　　　　　　　　　E社株式時価　　E社株式原価

繰延税金資産：3,500千円 × 40％ ＝ 1,400千円

B/S 有価証券：40,000千円
　　　　　　　C社株式時価

B/S 投資有価証券：34,500千円 ＋ 21,500千円 ＝ 56,000千円
　　　　　　　　　D社株式時価　　E社株式時価

B/S その他有価証券評価差額金：2,700千円
　　　　　　　　　　　　　　　D社株式分

7 株式交換（取得＝パーチェス法）

（単位：千円）

（関係会社株式）子会社株式	300,000	（資本金）	150,000
		（その他資本剰余金）	150,000

関係会社株式：取得はパーチェス法によって処理するため、交付した株式の時価で子会社株式を評価します。

資本金・その他資本剰余金：$300,000千円 \times \frac{1}{2} = 150,000千円$

8 有形固定資産（直接控除法により記帳）

有形固定資産は直接控除法によって記帳されているため取得原価を推定しなければなりません。そこで取得原価を求めるための計算をします。

（単位：千円）

（減 価 償 却 費）	27,000	（建			物）	27,000
（減 価 償 却 費）	19,200	（備			品）	19,200

建物の取得原価をxとして、推定計算をします。

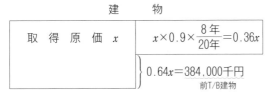

建　物

取　得　原　価　x	$x\times0.9\times\dfrac{8年}{20年}=0.36x$
	$0.64x=384,000千円$ 前T/B建物

B/S 建物：$x=600,000$千円

　　当期減価償却費（建物）：$600,000$千円$\times0.9\div20$年$=27,000$千円

B/S 建物減価償却累計額：$600,000$千円$\times0.36+27,000$千円$=243,000$千円

備品の取得原価をyとして、推定計算をします。

備　品

取　得　原　価　y	$y\times0.2=\underline{0.20y}$ $(y-0.20y)\times0.2=\underline{0.16y}$ $\underline{0.36y}$
	$0.64y=96,000千円$ 前T/B備品

B/S 備品：$y=150,000$千円

　　当期減価償却費（備品）：$96,000$千円$\times0.2=19,200$千円

B/S 備品減価償却累計額：$150,000$千円$\times0.36+19,200$千円$=73,200$千円

9 のれん（無形固定資産）と開発費（繰延資産）の償却

（単位：千円）

（の れ ん 償 却 額）	4,000	（の	れ	ん）		4,000
（開 発 費 償 却）	9,000	（開	発	費）		9,000

のれん償却額：$76,000$千円$\div(20$年-1年$)=4,000$千円

開発費償却：$36,000$千円$\div(5$年-1年$)=9,000$千円

B/S のれん：$76,000$千円$-4,000$千円$=72,000$千円

B/S 開発費：$36,000$千円$-9,000$千円$=27,000$千円

10 転換社債型新株予約権付社債

(1) **転換請求を受けた社債の償却（定額法）：×2年4月1日～×2年9月30日**

（単位：千円）

（社　債　利　息）	400	（社	債）	400

転換請求を受けた社債の払込金額：$240,000千円 \times \dfrac{100,000千円}{250,000千円} = 96,000千円$

社債利息（償却）：$(100,000千円 - 96,000千円) \times \dfrac{6か月}{60か月} = 400千円$

(2) **転換請求による新株の発行**

（単位：千円）

（社	債）	96,400	（資	本	金）	50,200
（新 株 予 約 権）		4,000	（資 本 準 備 金）			50,200

転換請求を受けた社債の帳簿価額（償却原価）：$96,000千円 + 400千円 = 96,400千円$

転換請求を受けた新株予約権：$10,000千円 \times \dfrac{100,000千円}{250,000千円} = 4,000千円$

資本金・資本準備金：$(96,400千円 + 4,000千円) \times \dfrac{1}{2} = 50,200千円$

(3) **転換請求を受けていない社債の償却（定額法）：×2年4月1日～×3年3月31日**

（単位：千円）

（社　債　利　息）	1,200	（社	債）	1,200

転換請求を受けていない社債の払込金額：

$$240,000千円 \times \dfrac{250,000千円 - 100,000千円}{250,000千円} = 144,000千円$$

社債利息（償却）：$\underset{\text{社債残高（額面）：150,000千円}}{(250,000千円 - 100,000千円 - 144,000千円)} \times \dfrac{12か月}{60か月} = 1,200千円$

B/S 社債：$\underset{前T/B社債}{240,000千円} + \underset{償却分}{400千円} - \underset{社債の払込み}{96,400千円} + \underset{償却分}{1,200千円} = 145,200千円$

B/S 資本金：$\underset{前T/B資本金}{2,500,000千円} + \underset{株式交換}{150,000千円} + \underset{新株発行}{50,200千円} = 2,700,200千円$

B/S 資本準備金：$\underset{前T/B資本準備金}{100,000千円} + \underset{新株発行}{50,200千円} = 150,200千円$

B/S 新株予約権：$\underset{前T/B新株予約権}{10,000千円} - \underset{行使分}{4,000千円} = 6,000千円$

11 法人税等の計上と税効果会計

⑴　法人税等の計上

（単位：千円）

| （法　人　税　等） | 850,000 | （仮 払 法 人 税 等） | 490,000 |
| | | （未 払 法 人 税 等） | 360,000 |

B/S 未払法人税等：850,000千円 − 490,000千円 ＝ 360,000千円

⑵　税効果会計（将来減算一時差異の解消と発生）

（単位：千円）

| （法人税等調整額） | 16,000 | （繰 延 税 金 資 産） | 16,000 |
| （繰 延 税 金 資 産） | 18,000 | （法人税等調整額） | 18,000 |

繰延税金資産の減少：40,000千円 × 40％ ＝ 16,000千円

繰延税金資産の増加：45,000千円 × 40％ ＝ 18,000千円

勘定記入は、次のようになります。

繰 延 税 金 資 産		
前T/B 20,000千円	E社株式　　800千円
E社株式　1,400千円	解 消 16,000千円
発 生 18,000千円	後T/B 22,600千円

繰 延 税 金 負 債		
D社株式　　400千円	前T/B　　400千円
後T/B　9,800千円	為替予約　8,000千円
	D社株式　1,800千円

B/S 繰延税金資産：22,600千円 − 9,800千円 ＝ 12,800千円
　　　　　　　　　　後T/B　　　　　後T/B
　　　　　　　繰延税金資産　繰延税金負債

12 繰越利益剰余金（貸借対照表の差額で求める）

B/S 繰越利益剰余金：5,508,690千円 − 4,103,800千円 ＝ 1,404,890千円
　　　　　　　　　　借方合計　　　　繰越利益剰余金
　　　　　　　　　　　　　　　　　を除く貸方合計

会計学

解答

第1問

(1)	(2)	(3)	(4)
新たな税率	新株予約権	売買	利息

(5)	
賃貸借	各❶

第2問

株主資本等変動計算書

(単位：千円)

		株 主 資 本								評価・換算差額等	新株予約権
	資本金	資 本 剰 余 金		利 益 剰 余 金				自己株式		その他有価証券評価差額金	
		資本準備金	その他資本剰余金	利益準備金	その他利益剰余金						
					別途積立金	繰越利益剰余金					
当期首残高	400,000	18,400	14,400	5,600	2,400	44,000		△22,400		480	24,000
当期変動額											
新株の発行	36,000	36,000									
剰余金の配当			80	△ 880	240		△ 2,640				
自己株式の取得								△24,000			
自己株式の処分			2,400					23,200			
当期純利益							6,640				
株主資本以外の項目の当期変動額（純額）										480	△14,400
当期変動額合計	36,000	36,080	1,520	240	0	4,000	△ 800			480	△14,400
当期末残高	436,000 ❷	54,480 ❷	15,920	5,840	2,400	48,000 ❷	❷△23,200		❶	960 ❶	9,600

第3問

(1)	繰 延 税 金 資 産	48,400 千円	❹
(2)	繰 延 税 金 負 債	4,400 千円	❹
(3)	当 期 純 利 益	290,000 千円	❷

（注）繰延税金資産および繰延税金負債は、相殺前の金額を記入すること。また、金額が記入されない場合には、0（ゼロ）を記入すること。

●数字は採点基準　合計25点

解説

　会計学の問題です。第1問は空欄記入問題、第2問は株主資本等変動計算書、第3問は税効果会計に関する問題です。税効果会計は商業簿記、会計学ともに出題される論点です。個々の会計処理をしっかりマスターするとともに、本問を通じて一連の処理の流れを把握してください。

第1問　空欄記入問題

1．税効果会計（税率の変更があった場合の取扱い）

「税効果会計に係る会計基準注解（注6）」

　法人税等について税率の変更があった場合には、過年度に計上された繰延税金資産及び繰延税金負債を（**新たな税率**）に基づき再計算するものとする。

2．ストック・オプションの表示

「ストック・オプション等に関する会計基準」4

　ストック・オプションを付与し、これに応じて企業が従業員等から取得するサービスは、その取得に応じて費用として計上し、対応する金額を、ストック・オプションの権利の行使又は失効が確定するまでの間、貸借対照表の純資産の部に（**新株予約権**）として計上する。

3．リース取引の会計処理

「リース取引に関する会計基準」9・10・11・15(参考)

　リース取引の借手側の会計処理において、ファイナンス・リース取引となる場合は、通常の（**売買**）取引に係る方法に準じた会計処理を適用し、リース取引開始日に、リース資産およびリース債務を計上する。リース資産およびリース債務の計上額は、原則として、リース契約締結時に合意されたリース料総額からこれに含まれている（**利息**）相当額の合理的な見積額を控除する方法により算定する。当該（**利息**）相当額については、原則として、リース期間にわたり（**利息**）法により配分する。

　なお、オペレーティング・リース取引となる場合は、通常の（**賃貸借**）取引に係る方法に準じた会計処理を適用する。

株主資本等変動計算書の問題です。株主資本等変動計算書のどこに記入するかを確認しながら、解いてください。なお、解説上、金銭の受払いは現金預金勘定で処理しています。

(1) 剰余金の処分

① その他資本剰余金の処分

（単位：千円）

（その他資本剰余金）	880	（資 本 準 備 金）	80
剰余金の配当		剰余金の配当	
		（未 払 配 当 金）	800

S/S 資本準備金（剰余金の配当）：$800千円 \times \dfrac{1}{10} = 80千円$

S/S その他資本剰余金（剰余金の配当）：$800千円 + 80千円 = 880千円$

② 繰越利益剰余金の処分

（単位：千円）

（繰越利益剰余金）	2,640	（利 益 準 備 金）	240
剰余金の配当		剰余金の配当	
		（未 払 配 当 金）	2,400

S/S 利益準備金（剰余金の配当）：$2,400千円 \times \dfrac{1}{10} = 240千円$

S/S 繰越利益剰余金（剰余金の配当）：$2,400千円 + 240千円 = 2,640千円$

（注）　資本準備金と利益準備金の積立ては、資本準備金および利益準備金の合計額が資本金の4分の1に達するまで行います。本問においては、積立限度まで達していないため配当金の10分の1の額を積み立てます。

(2) 自己株式

① 取　得

（単位：千円）

| （自 己 株 式） | 24,000 | （現 金 預 金） | 24,000 |
| 自己株式の取得 | | | |

S/S 自己株式（自己株式の取得）：@150千円 × 160株 ＝ 24,000千円

② 処　分

（単位：千円）

| （現　金　預　金） | 25,600 | （自　己　株　式）
自己株式の処分 | 23,200 |
| | | （その他資本剰余金）
自己株式の処分 | 2,400 |

現金預金（自己株式処分額）：@160千円×160株＝25,600千円

S/S　自己株式（自己株式の処分）：

$$\frac{22,400千円（当期首残高）＋24,000千円（当期取得）}{160株＋160株}×160株＝23,200千円$$

S/S　その他資本剰余金（自己株式の処分）：2,400千円
　　　　　　　　　　　　　　　　　　　貸借差額

S/S　その他資本剰余金（当期変動額合計）：△880千円＋2,400千円＝1,520千円

S/S　自己株式（当期変動額合計）：24,000千円－23,200千円＝800千円

(3)　その他有価証券

① 前期末における評価替え

（単位：千円）

| （その他有価証券） | 800 | （繰延税金負債） | 320 |
| | | （その他有価証券評価差額金） | 480 |

その他有価証券（評価差額）：（@880千円×10株）－（@800千円×10株）＝800千円
　　　　　　　　　　　　　8,800千円（前期末時価）　　8,000千円（取得原価）

繰延税金負債：800千円×40％＝320千円
　　　　　　　　　　　　実効税率

その他有価証券評価差額金：貸借差額

② 当期首における再振替仕訳

（単位：千円）

| （繰延税金負債） | 320 | （その他有価証券） | 800 |
| （その他有価証券評価差額金） | 480 | | |

③ 当期末における評価替え

（単位：千円）

| （その他有価証券） | 1,600 | （繰延税金負債） | 640 |
| | | （その他有価証券評価差額金） | 960 |

その他有価証券（評価差額）：（@960千円×10株）－（@800千円×10株）＝1,600千円
　　　　　　　　　　　　　9,600千円（当期末時価）　　8,000千円（取得原価）

繰延税金負債：1,600千円×40％＝640千円
　　　　　　　　　　　　実効税率

その他有価証券評価差額金：貸借差額

S/S その他有価証券評価差額金（株主資本以外の項目の当期変動額（純額））：

$\triangle$480千円＋960千円＝480千円

S/S その他有価証券評価差額金（当期変動額合計）：480千円

(4) **新株予約権（権利行使による新株の交付）**

（単位：千円）

| （新株予約権） | 14,400 | （資　本　金）新株の発行 | 36,000 |
| （現　金　預　金） | 57,600 | （資本準備金）新株の発行 | 36,000 |

S/S 新株予約権（株主資本以外の項目の当期変動額（純額））：2,400千円×6個＝14,400千円

現金預金（払込み）：9,600千円×6個＝57,600千円

S/S 資本金（新株の発行）：（14,400千円＋57,600千円）×$\dfrac{1}{2}$＝36,000千円

S/S 資本準備金（新株の発行）：36,000千円

S/S 資本準備金（当期変動額合計）：80千円＋36,000千円＝36,080千円

(5) **当期純利益の計上**

（単位：千円）

| （損　　　益） | 6,640 | （繰越利益剰余金）当期純利益 | 6,640 |

S/S 繰越利益剰余金（当期純利益）：6,640千円

S/S 繰越利益剰余金（当期変動額合計）：$\triangle$2,640千円＋6,640千円＝4,000千円

第3問　税効果会計

　本問では、期末の繰延税金資産、繰延税金負債が問われているため、当期の税効果の仕訳だけでは求められないものは、前期の取引から期首残高を推定する必要があります。以下、前期の分も含めて、税効果の仕訳を示します。

(1) **商品評価損 ～ 将来減算一時差異**

① 損金不算入（前期発生）

（単位：千円）

| （繰延税金資産） | 6,400 | （法人税等調整額） | 6,400 |

繰延税金資産：16,000千円×40％＝6,400千円
　　　　　　　　　　　実効税率

② 損金算入（当期解消）

（単位：千円）

（法人税等調整額）	6,400	（繰延税金資産）	6,400

③ 損金不算入（当期発生）

（単位：千円）

（繰延税金資産）	10,400	（法人税等調整額）	10,400

繰延税金資産：26,000千円×40％＝10,400千円
　　　　　　　　　　　　　実効税率

(2) **受取配当金 ～ 益金不算入**

永久差異に該当するため、税効果会計を適用しません。

(3) **貸倒引当金 ～ 将来減算一時差異**

① 損金不算入（前期発生）

（単位：千円）

（繰延税金資産）	7,200	（法人税等調整額）	7,200

繰延税金資産：（27,000千円－9,000千円）×40％＝7,200千円
　　　　　　　　　　18,000千円(超過額)　　　実効税率

② 損金算入（当期解消）

（単位：千円）

（法人税等調整額）	7,200	（繰延税金資産）	7,200

③ 損金不算入（当期発生）

（単位：千円）

（繰延税金資産）	8,000	（法人税等調整額）	8,000

繰延税金資産：（30,000千円－10,000千円）×40％＝8,000千円
　　　　　　　　　20,000千円(超過額)　　　実効税率

(4) **寄付金 ～ 損金不算入**

永久差異に該当するため、税効果会計を適用しません。

(5) **備品の減価償却費 ～ 将来減算一時差異**

① 損金不算入（前々期・前期発生の2年分）

（単位：千円）

（繰延税金資産）	20,000	（法人税等調整額）	20,000

会計上の減価償却費：500,000千円÷4年＝125,000千円

税務上の償却限度額：500,000千円÷5年＝100,000千円

過年度損金不算入額：（125,000千円－100,000千円）×2年＝50,000千円
　　　　　　　　　　　　　25,000千円(超過額)

繰延税金資産：50,000千円×40％＝20,000千円
　　　　　　　　　　　　　実効税率

② 損金不算入（当期発生）

（単位：千円）

（繰 延 税 金 資 産）	10,000	（法人税等調整額）	10,000

繰延税金資産：(125,000千円－100,000千円)×40％＝10,000千円
　　　　　　　　25,000千円(超過額)　　　　実効税率

(6) その他有価証券 ～ 評価差額金

① 時価評価（前期末）

（単位：千円）

（その他有価証券）	3,000	（繰 延 税 金 負 債）	1,200
		（その他有価証券評価差額金）	1,800

評価差益：28,000千円－25,000千円＝3,000千円
　　　　　前期末時価　取得原価

繰延税金負債：3,000千円×40％＝1,200千円
　　　　　　　　　　　実効税率

② 振戻処理（当期首）

（単位：千円）

（繰 延 税 金 負 債）	1,200	（その他有価証券）	3,000
（その他有価証券評価差額金）	1,800		

③ 時価評価（当期末）

（単位：千円）

（その他有価証券）	5,000	（繰 延 税 金 負 債）	2,000
		（その他有価証券評価差額金）	3,000

評価差益：30,000千円－25,000千円＝5,000千円
　　　　　当期末時価　取得原価

繰延税金負債：5,000千円×40％＝2,000千円
　　　　　　　　　　　実効税率

(7) 債券先物取引 ～ 繰延ヘッジ損益

（単位：千円）

（先 物 取 引 差 金）	6,000	（繰 延 税 金 負 債）	2,400
		（繰 延 ヘッジ損益）	3,600
		純資産	

先物利益：300,000千円×$\dfrac{99円(売建時時価)－97円(当期末時価)}{100円}$＝6,000千円

繰延税金負債：6,000千円×40％＝2,400千円
　　　　　　　　　　　　実効税率

(8) 勘定記入

（単位：千円）

繰延税金資産

期　　首 33,600*¹	解説(1)②	6,400
解説(1)③ 10,400	解説(3)②	7,200
解説(3)③ 8,000	48,400
解説(5)② 10,000	

繰延税金負債

解説(6)② 1,200	期　首　1,200*²
4,400 {	解説(6)③ 2,000
	解説(7)　 2,400

法人税等調整額

解説(1)②	6,400	解説(1)③ 10,400
解説(3)②	7,200	解説(3)③　8,000
14,800 {	解説(5)② 10,000

＊1　6,400千円＋7,200千円＋20,000千円＝33,600千円
　　　解説(1)①　　解説(3)①　　解説(5)①

＊2　解説(6)①

なお、貸借対照表に計上される金額は次のようになります。

繰延税金資産・負債：48,400千円－4,400千円＝44,000千円
　　　　　　　　　　繰延税金資産　繰延税金負債　繰延税金資産

(9) 当期純利益の計算

法人税等調整額は、貸方残高なので法人税等から減算します。

（単位：千円）

税引前当期純利益		500,000
法　人　税　等	224,800	
法 人 税 等 調 整 額	△　14,800	210,000
当　期　純　利　益		290,000

みんなが欲しかったシリーズ

みんなが欲しかった！
簿記の問題集　日商1級　商業簿記・会計学2
資産会計・負債会計・純資産会計編　第9版

2013年1月10日　初　版　第1刷発行
2021年11月24日　第9版　第1刷発行
2023年8月23日　　　　　第4刷発行

監　　修	滝　澤　な な み	
著　　者	ＴＡＣ出版開発グループ	
発 行 者	多　田　敏　男	
発 行 所	ＴＡＣ株式会社　出版事業部	
	（ＴＡＣ出版）	

〒101-8383
東京都千代田区神田三崎町3-2-18
電話 03(5276)9492(営業)
FAX 03(5276)9674
https://shuppan.tac-school.co.jp

印　　刷	株式会社　ワ　コ　ー	
製　　本	東京美術紙工協業組合	

© TAC 2021　　　Printed in Japan

ISBN 978-4-8132-9913-4
N.D.C. 336

乱丁・落丁による交換，および正誤のお問合せ対応は，該当書籍の改訂版刊行月末日までといたします。なお，交換につきましては，書籍の在庫状況等により，お受けできない場合もございます。
また，各種本試験の実施の延期，中止を理由とした本書の返品はお受けいたしません。返金もいたしかねますので，あらかじめご了承くださいますようお願い申し上げます。

簿記検定講座のご案内

選べる学習メディアでご自身に合うスタイルでご受講ください!

通学講座
3級コース / 3・2級コース / 2級コース / 1級コース / 1級上級・アドバンスコース

 教室講座 通って学ぶ

定期的な日程で通学する学習スタイル。常に講師と接することができるという教室講座の最大のメリットがありますので、疑問点はその日のうちに解決できます。また、勉強仲間との情報交換も積極的に行えるのが特徴です。

ビデオブース講座 通って学ぶ / 予約制

ご自身のスケジュールに合わせて、TACのビデオブースで学習するスタイル。日程を自由に設定できるため、忙しい社会人に人気の講座です。

直前期教室出席制度
直前期以降、教室受講に振り替えることができます。

| 無料体験入学 | ご自身の目で、耳で体験し納得してご入学いただくために、無料体験入学をご用意しました。 |

| 無料講座説明会 | もっとTACのことを知りたいという方は、無料講座説明会にご参加ください。 |

無 料

予約不要※

※ビデオブース講座の無料体験入学は要予約。
無料講座説明会は一部校舎では要予約。

通信講座
3級コース / 3・2級コース / 2級コース / 1級コース / 1級上級・アドバンスコース

 Web通信講座 スマホやタブレットにも対応 / 見て学ぶ

教室講座の生講義をブロードバンドを利用し動画で配信します。ご自身のペースに合わせて、24時間いつでも何度でも繰り返し受講することができます。また、講義動画はダウンロードして2週間視聴可能です。有効期間内は何度でもダウンロード可能です。
※Web通信講座の配信期間は、お申込コースの目標月の翌月末までです。

TAC WEB SCHOOL ホームページ
URL https://portal.tac-school.co.jp/
※お申込み前に、左記のサイトにて必ず動作環境をご確認ください。

DVD通信講座 見て学ぶ

講義を収録したデジタル映像をご自宅にお届けします。講義の臨場感をクリアな画像でご自宅にて再現することができます。
※DVD-Rメディア対応のDVDプレーヤーでのみ受講が可能です。パソコンやゲーム機での動作保証はいたしておりません。

  Webでも無料配信中! スマホ タブレット パソコン

「TAC動画チャンネル」

資料通信講座(1級のみ)

テキスト・添削問題を中心として学習します。

- **講座説明会** ※収録内容の変更のため、配信されない期間が生じる場合がございます。
- **1回目の講義(前半分)が視聴できます**

詳しくは、TACホームページ
「TAC動画チャンネル」をクリック!

| TAC 動画チャンネル 簿記 | 検索 |

コースの詳細は、簿記検定講座パンフレット・TACホームページをご覧ください。

パンフレットのご請求・お問い合わせは、TACカスタマーセンターまで

通話無料 0120-509-117
ゴウカク イイナ
※携帯電話からもご利用になれます。

受付時間 月〜金 9:30〜19:00
土・日・祝 9:30〜18:00

TAC簿記検定講座ホームページ

| TAC 簿記 | 検索 |

会計業界への
就職・転職支援サービス

TPB

ACの100％出資子会社であるTACプロフェッションバンク（TPB）は、会計・税務分野に特化した転職エージェントです。
得された知識とご希望に合ったお仕事を一緒に探しませんか？ 相談だけでも大歓迎です！ どうぞお気軽にご利用ください。

人材コンサルタントが無料でサポート

Step1
談受付
完全予約制です。
HPからご登録いただくか、
各オフィスまでお電話ください。

Step2
面談
ご経験やご希望をお聞かせください。
あなたの将来について一緒に考えましょう。

Step3
情報提供
ご希望に適うお仕事があれば、その場でご紹介します。強制はいたしませんのでご安心ください。

- ●安定した収入を得たい
- ●キャリアプランについて相談したい
- ●面接日程や入社時期などの調整をしてほしい
- ●今就職すべきか、勉強を優先すべきか迷っている
- ●職場の雰囲気など、
  求人票でわからない情報がほしい

TACキャリアエージェント

https://tacnavi.com/

- ●勉強を優先して働きたい
- ●将来のために実務経験を積んでおきたい
- ●まずは色々な職場や職種を経験したい
- ●家庭との両立を第一に考えたい
- ●就業環境を確認してから正社員で働きたい

TACの経理・会計派遣

https://tacnavi.com/haken/

経験やご希望内容によってはご支援が難しい場合がございます。予めご了承ください。 ※面談時間は原則お一人様30分とさせていただきます。

自分のペースでじっくりチョイス

- ●自分の好きなタイミングで
  就職活動をしたい
- ●どんな求人案件があるのか見たい
- ●企業からのスカウトを待ちたい
- ●WEB上で応募管理をしたい

Webで

TACキャリアナビ

https://tacnavi.com/kyujin/

職・転職・派遣就労の強制は一切いたしません。会計業界への就職・転職を希望される方への無料支援サービスです。どうぞお気軽にお問い合わせください。

 TACプロフェッションバンク

■ 有料職業紹介事業 許可番号13-ユ-010678
■ 一般労働者派遣事業 許可番号（派）13-010932

東京オフィス
-0051
都千代田区神田神保町 1-103 東京パークタワー 2F
.03-3518-6775

大阪オフィス
〒530-0013
大阪府大阪市北区茶屋町 6-20 吉田茶屋町ビル 5F
TEL.06-6371-5851

名古屋 登録会場
〒453-0014
愛知県名古屋市中村区則武 1-1-7 NEWNO 名古屋駅西 8F
TEL.0120-757-655

2022年4月現在

TAC出版 書籍のご案内

TAC出版では、資格の学校TAC各講座の定評ある執筆陣による資格試験の参考書をはじめ、資格取得者の開業法や仕事術、実務書、ビジネス書、一般書などを発行しています！

TAC出版の書籍

*一部書籍は、早稲田経営出版のブランドにて刊行しております。

資格・検定試験の受験対策書籍

- ✪日商簿記検定
- ✪建設業経理士
- ✪全経簿記上級
- ✪税 理 士
- ✪公認会計士
- ✪社会保険労務士
- ✪中小企業診断士
- ✪証券アナリスト

- ✪ファイナンシャルプランナー(FP)
- ✪証券外務員
- ✪貸金業務取扱主任者
- ✪不動産鑑定士
- ✪宅地建物取引士
- ✪賃貸不動産経営管理士
- ✪マンション管理士
- ✪管理業務主任者

- ✪司法書士
- ✪行政書士
- ✪司法試験
- ✪弁理士
- ✪公務員試験(大卒程度・高卒者)
- ✪情報処理試験
- ✪介護福祉士
- ✪ケアマネジャー
- ✪社会福祉士　ほか

実務書・ビジネス書

- ✪会計実務、税法、税務、経理
- ✪総務、労務、人事
- ✪ビジネススキル、マナー、就職、自己啓発
- ✪資格取得者の開業法、仕事術、営業術
- ✪翻訳ビジネス書

一般書・エンタメ書

- ✪ファッション
- ✪エッセイ、レシピ
- ✪スポーツ
- ✪旅行ガイド (おとな旅プレミアム/ハルカナ
- ✪翻訳小説

（2021年7月現在）

書籍のご購入は

1 全国の書店、大学生協、ネット書店で

2 TAC各校の書籍コーナーで

資格の学校TACの校舎は全国に展開！
校舎のご確認はホームページにて

資格の学校TAC ホームページ
https://www.tac-school.co.jp

3 TAC出版書籍販売サイトで

CYBER TAC出版書籍販売サイト

BOOK STORE

24時間ご注文受付中

TAC 出版　で　検索

https://bookstore.tac-school.co.jp/

新刊情報を
いち早くチェック！

たっぷり読める
立ち読み機能

学習お役立ちの
特設ページも充実！

TAC出版書籍販売サイト「サイバーブックストア」では、TAC出版および早稲田経営出版から刊行されている、すべての最新書籍をお取り扱いしています。
また、無料の会員登録をしていただくことで、会員様限定キャンペーンのほか、送料無料サービス、メールマガジン配信サービス、マイページのご利用など、うれしい特典がたくさん受けられます。

サイバーブックストア会員は、特典がいっぱい！（一部抜粋）

通常、1万円（税込）未満のご注文につきましては、送料・手数料として500円（全国一律・税込）頂戴しておりますが、1冊から無料となります。

メールマガジンでは、キャンペーンやおすすめ書籍、新刊情報のほか、「電子ブック版 TACNEWS（ダイジェスト版）」をお届けします。

専用の「マイページ」は、「購入履歴・配送状況の確認」のほか、「ほしいものリスト」や「マイフォルダ」など、便利な機能が満載です。

書籍の発売を、販売開始当日にメールにてお知らせします。これなら買い忘れの心配もありません。

日商簿記検定試験対策書籍のご案内

TAC出版の日商簿記検定試験対策書籍は、学習の各段階に対応していますので、あなたの
ステップに応じて、合格に向けてご活用ください!

3タイプのインプット教材

①

● **満点合格を目指し
次の級への土台を築く**

「**合格テキスト**」
「**合格トレーニング**」

● 大判のB5判、3級～1級累計300万部超の、信頼の定番テキスト&トレーニング!
TACの教室でも使用している公式テキストです。3級のみオールカラー。
● 出題論点はすべて網羅しているので、簿記をきちんと学んでいきたい方にぴったりです
◆3級 □2級 商簿、2級 工簿 ■1級 商・会 各3点、1級 工・原 各3点

②

● **教室講義のような
わかりやすさでしっかり学べる**

「**簿記の教科書**」
「**簿記の問題集**」　　　　　　　　　　滝澤 ななみ 著

● A5判、4色オールカラーのテキスト(2級・3級のみ)&模擬試験つき問題集!
● 豊富な図解と実例つきのわかりやすい説明で、もうモヤモヤしない!!
◆3級 □2級 商簿、2級 工簿 ■1級 商・会 各3点、1級 工・原 各3点

DVDの併用で、
さらに理解が
深まります!

『**簿記の教科書DVD**』
● 「簿記の教科書」3、2級の準拠DVD。
わかりやすい解説で、合格力が短時間
で身につきます!
◆3級 □2級 商簿、2級 工簿

③

● **初学者でも楽しく続けられる!**

「**スッキリわかる**」
テキスト／問題集一体型

滝澤 ななみ 著(1級は商・会のみ)

● 小型のA5判によるテキスト／問題集一体型。これ一冊でOKの、
圧倒的に人気の教材です。
● 豊富なイラストとわかりやすいレイアウト! かわいいキャラの
「ゴエモン」と一緒に楽しく学べます。
◆3級 □2級 商簿、2級 工簿 ■1級 商・会 4点、1級 工・原 4点

シリーズ待望の問題集が誕生!

「**スッキリとける本試験予想問題集**」
滝澤 ななみ 監修　TAC出版開発グループ 編著

● 本試験タイプの予想問題9回分を掲載
◆3級 □2級

DVDの併用で、
さらに理解が
深まります!

『**スッキリわかる 講義DVD**』
● 「スッキリわかる」3、2級の準拠DVD。
超短時間でも要点はのがさず解説。
3級10時間、2級14時間＋10時間で合
格へひとっとび。
◆3級 □2級 商簿、2級 工簿

コンセプト問題集

● 得点力をつける!

『みんなが欲しかった! やさしすぎる解き方の本』

B5判　滝澤 ななみ 著

● 授業で解き方を教わっているような 新感覚問題集。再受験にも有効。
◆3級　□2級

本試験対策問題集

● 本試験タイプの
　問題集
『合格するための
本試験問題集』
（1級は過去問題集）

B5判

12回分 (1級は14回分) の問題を収載。
ていねいな「解答への道」、各問対策が
充実。

◆3級　□2級　■1級

● 知識のヌケを
　なくす!
『まるっと
完全予想問題集』
（1級は網羅型完全予想問題集）

A4判

● オリジナル予想問題 (3級10回分、2級12回分、
1級8回分) で本試験の重要出題パターンを網羅。
● 実力養成にも直前の本試験対策にも有効。

◆3級　□2級　■1級

直前予想

『ネット試験と
第○回をあてる
TAC予想模試
＋解き方テキスト』
（1級は直前予想模試）

A4判

● TAC講師陣による4回分の予想問題で最終仕上げ。
● 2級・3級は、第1部解き方テキスト編、第2部予想模試編
の2部構成。
● 年3回 (1級は年2回)、各試験に向けて発行します。

◆3級　□2級　■1級

あなたに合った合格メソッドをもう一冊!

仕訳『究極の仕訳集』
B6変型判
● 悩む仕訳をスッキリ整理。ハンディサイズ、
一問一答式で基本の仕訳を一気に覚える。
◆3級　□2級

仕訳『究極の計算と仕訳集』
B6変型判　境 浩一朗 著
● 1級商会で覚えるべき計算と仕訳がすべて
つまった1冊!
■1級 商・会

理論『究極の会計学理論集』
B6変型判
● 会計学の理論問題を論点別に整理、手軽
なサイズが便利です。
■1級 商・会、全経上級

電卓『カンタン電卓操作術』
A5変型判　TAC電卓研究会 編
● 実践的な電卓の操作方法について、丁寧
に説明します!

：ネット試験の演習ができる模擬試験プログラムつき (2級・3級)

：スマホで使える仕訳Webアプリつき (2級・3級)

2023年5月現在　・刊行内容、表紙等は変更することがあります　・とくに記述がある商品以外は、TAC簿記検定講座編です

書籍の正誤に関するご確認とお問合せについて

書籍の記載内容に誤りではないかと思われる箇所がございましたら、以下の手順にてご確認とお問合せをしてくださいますよう、お願い申し上げます。

なお、正誤のお問合せ以外の**書籍内容に関する解説および受験指導などは、一切行っておりません。**
そのようなお問合せにつきましては、お答えいたしかねますので、あらかじめご了承ください。

1 「Cyber Book Store」にて正誤表を確認する

TAC出版書籍販売サイト「Cyber Book Store」の
トップページ内「正誤表」コーナーにて、正誤表をご確認ください。

URL：https://bookstore.tac-school.co.jp/

2 1の正誤表がない、あるいは正誤表に該当箇所の記載がない
⇒下記①、②のどちらかの方法で文書にて問合せをする

★ご注意ください★

お電話でのお問合せは、お受けいたしません。
①、②のどちらの方法でも、お問合せの際には、「お名前」とともに、
「対象の書籍名（○級・第○回対策も含む）およびその版数（第○版・○○年度版など）」
「お問合せ該当箇所の頁数と行数」
「誤りと思われる記載」
「正しいとお考えになる記載とその根拠」
を明記してください。
なお、回答までに1週間前後を要する場合もございます。あらかじめご了承ください。

① ウェブページ「Cyber Book Store」内の「お問合せフォーム」より問合せをする
【お問合せフォームアドレス】

https://bookstore.tac-school.co.jp/inquiry/

② メールにより問合せをする
【メール宛先　TAC出版】

syuppan-h@tac-school.co.jp

※土日祝日はお問合せ対応をおこなっておりません。
※正誤のお問合せ対応は、該当書籍の改訂版刊行月末日までといたします。

乱丁・落丁による交換は、該当書籍の改訂版刊行月末日までといたします。なお、書籍の在庫状況等により、お受けできない場合もございます。
また、各種本試験の実施の延期、中止を理由とした本書の返品はお受けいたしません。返金もいたしかねますので、あらかじめご了承くださいますようお願い申し上げます。

（2022年7月現在）

簿記の問題集
日商1級 商業簿記・会計学2

別 冊

○問題編 答案用紙
○模擬試験第3回、第4回*

* 第1回から第2回、第5回から第6回の問題は、『簿記の問題集 日商1級 商業簿記・会計学1、3』（別売り）に収載しております。

〈別冊ご利用時の注意〉

別冊は、この色紙を残したままていねいに抜き取り、ご利用ください。
また、抜き取る際の損傷についてのお取替えはご遠慮願います。

別冊の使い方

Step ❶ この色紙を残したまま、ていねいに抜き取ってください。色紙は、本体からとれませんので、ご注意ください。

色紙
本体
冊子

Step ❷ 抜き取った用紙を針金のついているページでしっかりと開き、工具を使用して、針金を外してください。針金で負傷しないよう、お気をつけください。

針金

Step ❸ アイテムごとに分けて、お使いください。

模擬試験
第3回、第4回
問題編 答案用紙

なお、答案用紙はダウンロードでもご利用いただけます。
TAC出版書籍販売サイト・サイバーブックストアにアクセスしてください。

https://bookstore.tac-school.co.jp/

簿記の問題集
日商１級　商業簿記・会計学２
問題編　答案用紙

有形固定資産の割賦購入（定額法）

損 益 計 算 書

自×1年4月1日　至×2年3月31日

（単位：円）

⋮

Ⅲ　販売費及び一般管理費

　　減 価 償 却 費　　　　　（　　　　　　）

⋮

Ⅴ　営 業 外 費 用

　　支 払 利 息　　　　　　（　　　　　　）

貸 借 対 照 表

×2年3月31日

（単位：円）

Ⅰ　流 動 資 産			Ⅰ　流 動 負 債		
⋮			⋮		
前 払 費 用	（　　　　　）		営業外支払手形	（　　　　　）	
⋮			⋮		
Ⅱ　固 定 資 産			Ⅱ　固 定 負 債		
⋮			⋮		
備　　品	（　　　）		長期営業外支払手形	（　　　　　）	
減価償却累計額	（△　　　）	（　　　　）			
長期前払費用	（　　　　）				

有形固定資産の割賦購入（利息法）

損 益 計 算 書
自×1年4月1日　至×2年3月31日
（単位：円）

⋮

Ⅲ　販売費及び一般管理費

　　減 価 償 却 費　　　　　　（　　　　　　　）

⋮

Ⅴ　営 業 外 費 用

　　支 払 利 息　　　　　　　（　　　　　　　）

貸 借 対 照 表
×2年3月31日　　　　　　　　（単位：円）

Ⅰ　流 動 資 産		Ⅰ　流 動 負 債	
⋮		⋮	
前 払 費 用	（　　　　）	営業外支払手形	（　　　　）
⋮			
Ⅱ　固 定 資 産			
⋮			
備　　　品	（　　　）		
減価償却累計額	（△　　　）（　　　　）		

問1

損　益　計　算　書
自×5年4月1日　至×6年3月31日
（単位：円）
⋮

Ⅲ　販売費及び一般管理費
　　減価償却費　　　　　　　　（　　　　　　　）

貸　借　対　照　表
×6年3月31日　　　　　　　　　（単位：円）

建　　　　物	（　　　　　）		
減価償却累計額	（△　　　　　）	（　　　　　）	
土　　　　地		（　　　　　）	
備　　　　品	（　　　　　）		
減価償却累計額	（△　　　　　）	（　　　　　）	
車　　　　両	（　　　　　）		
減価償却累計額	（△　　　　　）	（　　　　　）	
機　　　　械	（　　　　　）		
減価償却累計額	（△　　　　　）	（　　　　　）	
工具器具備品	（　　　　　）		
減価償却累計額	（△　　　　　）	（　　　　　）	

問2

工具器具備品の減価償却費	円

損 益 計 算 書

自×6年4月1日　至×7年3月31日

（単位：円）

⋮

Ⅲ　販売費及び一般管理費

　　減 価 償 却 費　　　　　　（　　　　　　　）

貸 借 対 照 表

×7年3月31日　　　　　　　　（単位：円）

⋮

Ⅱ　固 定 資 産

⋮

機　　　械　（　　　　　）

減価償却累計額　（△　　　　　）（　　　　　）

備　　　品　（　　　　　）

減価償却累計額　（△　　　　　）（　　　　　）

損 益 計 算 書
自×1年4月1日 至×2年3月31日

(単位：円)

⋮

Ⅲ 販売費及び一般管理費

　減 価 償 却 費 　　　　　（　　　　　　　）

⋮

Ⅵ 特 別 利 益

　固 定 資 産 売 却 益 　　（　　　　　　　）

Ⅶ 特 別 損 失

　固 定 資 産 売 却 損 　　（　　　　　　　）

　固 定 資 産 除 却 損 　　（　　　　　　　）

貸 借 対 照 表
×2年3月31日

(単位：円)

貯　蔵　品	（　　　）
機　　　械 （　　　）	
減価償却累計額 （△　　　）（　　　）	
備　　　品 （　　　）	
減価償却累計額 （△　　　）（　　　）	
車　　　両 （　　　）	
減価償却累計額 （△　　　）（　　　）	

×1年度

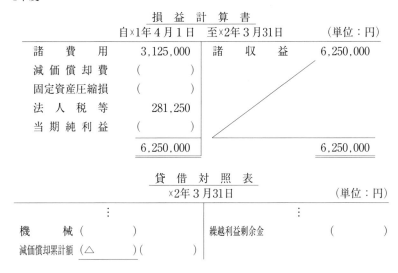

損　益　計　算　書
自×1年4月1日　至×2年3月31日　　　（単位：円）

諸　　費　　用	3,125,000	諸　　収　　益	6,250,000
減 価 償 却 費	(　　　　)		
固定資産圧縮損	(　　　　)		
法 人 税 等	281,250		
当 期 純 利 益	(　　　　)		
	6,250,000		6,250,000

貸　借　対　照　表
×2年3月31日　　　　　　　（単位：円）

⋮		⋮	
機　　　　械 (　　　)		繰越利益剰余金	(　　　)
減価償却累計額 (△　　　)(　　　)			

×2年度

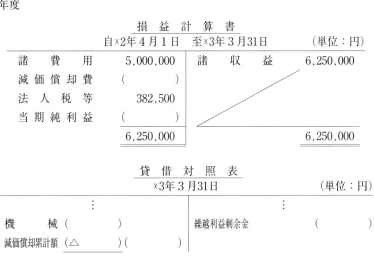

損　益　計　算　書
自×2年4月1日　至×3年3月31日　　　（単位：円）

諸　　費　　用	5,000,000	諸　　収　　益	6,250,000
減 価 償 却 費	(　　　　)		
法 人 税 等	382,500		
当 期 純 利 益	(　　　　)		
	6,250,000		6,250,000

貸　借　対　照　表
×3年3月31日　　　　　　　（単位：円）

⋮		⋮	
機　　　　械 (　　　)		繰越利益剰余金	(　　　)
減価償却累計額 (△　　　)(　　　)			

損　益　計　算　書
自×3年４月１日　至×4年３月31日
（単位：円）

⋮

Ⅲ　販売費及び一般管理費
　1.（　　　　　　　　　）　　　（　　　　　　　　　）

⋮

Ⅵ　特　別　利　益
　1.（　　　　　　　　　）　　　（　　　　　　　　　）
　2.（　　　　　　　　　）　　　（　　　　　　　　　）
Ⅶ　特　別　損　失
　1.（　　　　　　　　　）　　　（　　　　　　　　　）

貸　借　対　照　表
×4年３月31日　　　　　　　　　　（単位：円）

			未　払　金	（　　　　　）
⋮				
建　　物	（　　　　）			
減価償却累計額	（△　　　　）	（　　　　　）		
備　　品	（　　　　）			
減価償却累計額	（△　　　　）	（　　　　　）		

損 益 計 算 書

自×3年 4 月 1 日　至×4年 3 月31日

（単位：円）

⋮

Ⅲ　販売費及び一般管理費

　　修　繕　費　　　　　　（　　　　　　）

　　減 価 償 却 費　　　　（　　　　　　）

貸 借 対 照 表

×4年 3 月31日　　　　　　　　　（単位：円）

機　　　械（　　　　）	
減価償却累計額（△　　　　）（　　　　）	

問1　×2年3月31日

損　益　計　算　書

自×1年4月1日　至×2年3月31日

（単位：円）

⋮

Ⅲ　販売費及び一般管理費

減 価 償 却 費　　　　　（　　　　　　　）

貸　借　対　照　表

×2年3月31日　　　　　（単位：円）

| 機　械　装　置 | （　　　） | 資 産 除 去 債 務 | （　　　） |
| | | 減価償却累計額 | （　　　） |

問2　×3年3月31日

損　益　計　算　書

自×2年4月1日　至×3年3月31日

（単位：円）

⋮

Ⅲ　販売費及び一般管理費

減 価 償 却 費　　　　　（　　　　　　　）

貸　借　対　照　表

×3年3月31日　　　　　（単位：円）

| 機　械　装　置 | （　　　） | 資 産 除 去 債 務 | （　　　） |
| | | 減価償却累計額 | （　　　） |

問3

| 履 行 差 額 | 　　　　　　円 |

10

資産除去債務②

問1

損　益　計　算　書
自×1年４月１日　至×2年３月31日
（単位：円）

⋮

Ⅲ　販売費及び一般管理費
減　価　償　却　費　　　　　（　　　　　　）

貸　借　対　照　表
×2年３月31日　　　　　　（単位：円）

機　械　装　置	（　　　）	資産除去債務	（　　　　）
		減価償却累計額	（　　　　）

問2

損　益　計　算　書
自×1年４月１日　至×2年３月31日
（単位：円）

⋮

Ⅲ　販売費及び一般管理費
減　価　償　却　費　　　　　（　　　　　　）

貸　借　対　照　表
×2年３月31日　　　　　　（単位：円）

機　械　装　置	（　　　）	資産除去債務	（　　　　）
		減価償却累計額	（　　　　）

ア	イ	ウ

損　益　計　算　書
自×1年4月1日　至×2年3月31日
（単位：円）

⋮

Ⅲ　販売費及び一般管理費
（　　　　　　）　　　　（　　　　　　）

⋮

Ⅴ　営　業　外　費　用
（　　　　　　）　　　　（　　　　　　）

貸　借　対　照　表
×2年3月31日　　　　　　（単位：円）

⋮		
Ⅱ　固　定　資　産	Ⅰ　流　動　負　債	
リース資産（　　　　）	リース債務（流動）（　　　　）	
減価償却累計額（△　　　　）（　　　　）	⋮	
	Ⅱ　固　定　負　債	
	リース債務（固定）（　　　　）	

損　益　計　算　書
自×3年4月1日　至×4年3月31日
（単位：円）

⋮

Ⅲ　販売費及び一般管理費
（　　　　　　　　　）　　　　　　（　　　　　　　　）

⋮

Ⅴ　営　業　外　費　用
（　　　　　　　　　）　　　　　　（　　　　　　　　）

貸　借　対　照　表
×4年3月31日　　　　　　（単位：円）

Ⅰ　流 動 資 産		Ⅰ　流 動 負 債	
現 金 預 金	（　　　　　）	リース債務（流動）（　　　　　）	
⋮		⋮	
Ⅱ　固 定 資 産		Ⅱ　固 定 負 債	
リース資産（　　　　）		リース債務（固定）（　　　　）	
減価償却累計額（△　　　　）（　　　　　）			

14

セール・アンド・リースバック取引

損　益　計　算　書
自×3年4月1日　至×4年3月31日
（単位：円）

⋮

Ⅲ　販売費及び一般管理費
（　　　　　　　）　　　　（　　　　　　　）

⋮

Ⅴ　営　業　外　費　用
（　　　　　　　）　　　　（　　　　　　　）

貸　借　対　照　表
×4年3月31日
（単位：円）

Ⅰ　流　動　資　産		Ⅰ　流　動　負　債	
現　金　預　金	（　　　　　）	リース債務（流動）（　　　）	
⋮		⋮	
Ⅱ　固　定　資　産		Ⅱ　固　定　負　債	
リース資産（　　　）		長期前受収益	（　　　　　）
減価償却累計額（△　　　）（　　　　　）		リース債務（固定）（　　　　　）	

リース取引（総合問題）

①	×3年度における損益計算書上の支払リース料	円
②	×3年度末におけるリース資産の貸借対照表価額	円
③	×3年度末におけるリース債務の貸借対照表価額	円

ア	イ	ウ

エ

減損会計①

損 益 計 算 書
自×10年 4 月 1 日　至×11年 3 月31日
（単位：千円）

⋮

Ⅲ　販売費及び一般管理費
　　減 価 償 却 費　　　　　（　　　　　　　）

⋮

Ⅶ　特 別 損 失
　　減 損 損 失　　　　　（　　　　　　　）

貸 借 対 照 表
×11年 3 月31日　　　　　（単位：千円）

建　　　物（　　　　）	
減価償却累計額（△　　　　）（　　　　　）	
備　　　品（　　　　）	
減価償却累計額（△　　　　）（　　　　　）	

減損会計②

⬜　円

（単位：千円）

借方科目	金　額	貸方科目	金　額

減損損失控除後のA資産グループの備品の帳簿価額

千円

損益計算書に記載される減損損失の額

千円

損 益 計 算 書
自×4年4月1日　至×5年3月31日
（単位：千円）

⋮

Ⅲ　販売費及び一般管理費
　　減 価 償 却 費　　　　　（　　　　　）

⋮

Ⅶ　特 別 損 失
　　減 損 損 失　　　　　　（　　　　　）

貸 借 対 照 表
×5年3月31日　　　　　　　（単位：千円）

建　　　物	（　　　　）		
減価償却累計額	（△　　　　）	（　　　　）	
備　　　品	（　　　　）		
減価償却累計額	（△　　　　）	（　　　　）	
土　　　地		（　　　　）	

損　益　計　算　書（一部）

自×5年4月1日　至×6年3月31日

（単位：千円）

$$\vdots$$

Ⅲ　販売費及び一般管理費

　　減 価 償 却 費　　　　　（　　　　　　　）

$$\vdots$$

Ⅶ　特　別　損　失

　　減　損　損　失　　　　（　　　　　　　）

貸　借　対　照　表（一部）

×6年3月31日　　　　　（単位：千円）

建　　　物	（　　　　　）	
減価償却累計額	（△　　　　）	（　　　　　）
備　　　品	（　　　　　）	
減価償却累計額	（△　　　　）	（　　　　　）
土　　　地		（　　　　　）

減損会計⑦

損 益 計 算 書 　（単位：千円）

⋮

Ⅶ　特 別 損 失

　　減 損 損 失　　　　　（　　　　　）

貸 借 対 照 表 　　　（単位：千円）

建　　　物（　　　）
減価償却累計額（△　　　）（　　　）
機　　　械（　　　）
減価償却累計額（△　　　）（　　　）
の　れ　ん（　　　）

理論問題

ア	イ	ウ

エ

損　益　計　算　書
自×12年 1 月 1 日　至×12年12月31日

（単位：円）

⋮

Ⅲ　販売費及び一般管理費

　　1 .（　　　　　　　）　　　　（　　　　　　　）
　　2 .（　　　　　　　）　　　　（　　　　　　　）

⋮

　　営　業　利　益　　　　　　　　　×××

貸　借　対　照　表
×12年12月31日　　　　　　　　（単位：円）

⋮

（　　　　　　）（　　　　　　）
（　　　　　　）（　　　　　　）

⋮

損　益　計　算　書
自×5年4月1日　至×6年3月31日
（単位：千円）

⋮

Ⅲ　販売費及び一般管理費

⋮

　　開　発　費　償　却　　　　　（　　　　　　）

⋮

Ⅴ　営　業　外　費　用
　　創　立　費　償　却　　　　　（　　　　　　）
　　開　業　費　償　却　　　　　（　　　　　　）
　　株式交付費償却　　　　　　（　　　　　　）
　　社債発行費償却　　　　　　（　　　　　　）

⋮

　　営　業　利　益　　　　　　　×××

貸　借　対　照　表
×6年3月31日　　　　　　　（単位：千円）

⋮

Ⅲ　繰　延　資　産
　　創　　立　　費　（　　　　　）
　　開　　業　　費　（　　　　　）
　　株　式　交　付　費　（　　　　　）
　　社　債　発　行　費　（　　　　　）
　　開　　発　　費　（　　　　　）

⋮

ソフトウェア①

損 益 計 算 書

自×3年4月1日　至×4年3月31日

（単位：千円）

⋮

Ⅲ　販売費及び一般管理費

　1．ソフトウェア償却　　　　　　（　　　　　　）

⋮

　　営　業　利　益　　　　　　　　×××

貸 借 対 照 表

×4年3月31日　　　　　　（単位：千円）

⋮

ソ フ ト ウ ェ ア（　　　　　　）

⋮

ソフトウェア②

問1　見込販売数量を基準に償却を行っている場合

損 益 計 算 書

自×9年4月1日　至×10年3月31日

（単位：千円）

⋮

Ⅲ　販売費及び一般管理費

　1．ソフトウェア償却　　　　　　（　　　　　　）

⋮

　　営　業　利　益　　　　　　　　×××

貸 借 対 照 表

×10年3月31日　　　　　　（単位：千円）

⋮

ソ フ ト ウ ェ ア　（　　　　）

⋮

問2　見込販売収益を基準に償却を行っている場合

損　益　計　算　書

自×9年4月1日　至×10年3月31日

（単位：千円）

⋮

Ⅲ　販売費及び一般管理費

　1．ソフトウェア償却　　　　　（　　　　　　　）

⋮

　　営　業　利　益　　　　　　　×××

貸　借　対　照　表

×10年3月31日　　　　　　　　　（単位：千円）

⋮

ソフトウェア（　　　　　　）　｜

⋮

問1　×7年度　ソフトウェア償却　［　　　　　　　　］円

問2　×8年度　ソフトウェア償却　［　　　　　　　　］円

ソフトウェア④

(1) **収益の計上** (単位：千円)

借方科目	金　額	貸方科目	金　額

(2) **原価の計上** (単位：千円)

借方科目	金　額	貸方科目	金　額

第3回 模擬試験 問題

商　業　簿　記

問題（25点）

九州商事株式会社の×6年3月期（会計期間1年）にかかる下記の資料にもとづいて、答案用紙の決算整理後残高試算表を完成しなさい。なお、税効果会計を適用する場合、法人税等の法定実効税率は毎期40％とする。ただし、指示のあるものを除き税効果会計は考慮しなくてよい。また、消費税も考慮しなくてよい。

[資料Ⅰ]　決算整理前残高試算表

決算整理前残高試算表

×6年3月31日　（単位：千円）

現 金 預 金		683,100	支 払 手 形		30,300
受 取 手 形		45,000	買 掛 金		46,500
売 掛 金		75,000	短 期 借 入 金		90,000
売買目的有価証券		各自推定	仮 受 金		210,000
繰 越 商 品		300,000	社 債		147,000
仮 払 法 人 税 等		46,500	退 職 給 付 引 当 金		375,000

に該当すると判断されたため、貸倒引当金を財務内容評価法により設定する。この長期貸付金には時価300,000千円の土地が担保となっているが、残額の50%は回収が困難である。長期貸付金に対する貸倒引当金は、貸倒実績率2%にもとづく設定額を超える差額について損金算入が認められなかったため、税効果会計を適用する。

3. 売買目的有価証券の売買等の状況は次のとおりであり、期中処理は適正に行われている。なお、評価損益は、切放方式で処理し、評価損益と売買損益は区別して処理する。

銘　柄	期首数量	取得原価	期首簿価	期　中　売　買		期末時価
				売	買	
A社株式	20,000株	@300円	@345円	売却20,000株、@330円		@360円
B社株式	30,000株	@390円	@375円	売却10,000株、@420円		@405円
C社株式	—	—	—		購入10,000株、@480円	@525円

4. その他有価証券は、x5年12月1日に事業の一部を会社分割によりD社に移転したさいに取得したD社株式であり、移転した資産の帳簿価額45,000千円で計上しているが、D社は関係会社にならないため、これを修正する。なお、会社分割時のD社株式の時価は48,000千円であり、期末時価は49,500千円である。期末の評価替えに伴う評価差額には税効果会計を適用する。

5. 建物は、定額法、耐用年数30年、残存価額10%により減価償却している。

6. 車両は、定額法、耐用年数5年、残存価額ゼロにより減価償却している。x6年2月10日に車両60,000千円（期首減価償却累計額36,000千円）を下取りに供して75,000千円の新車両を取得し、下

千円を処分して交付し、残りは新株式を発行して交付したが未処理である。なお、増加する払込資本のうち2分の1ずつを資本金と資本準備金とする。

11. 当期の課税所得は225,000千円であり、40%の法人税等を計上する。

問題（25点）

第1問　わが国の会計基準にしたがって、次の(1)〜(5)の文章のうち、正しいと思うものには○印を、正しくないと思うものには×印を解答欄に記入しなさい。

(1) 金融資産の契約上の権利または金融負債の契約上の義務を発生させる契約を締結したときは、原則として、当該金融資産または金融負債の発生を認識しなければならないが、商品等の売買または役務の提供の対価に係る金銭債権債務は、原則として、当該商品等の受渡しまたは役務提供の完了によりその発生を認識する。

(2) 資産除去債務は、有形固定資産の取得、建設、開発または通常の使用によって発生したときに、有形固定資産の除去に要する将来キャッシュ・フローの割引価値で算定し、負債として計上する。

(3) オペレーティング・リース取引においての借手は、リース取引開始日に、通常の売買取引に係る方法に準じた会計処理を行う。

問2　次の資料にもとづいて、当期の財務諸表に記載される答案用紙に示した各項目の金額を計算しなさい。

（資　料）

1. 当期首に機械（取得原価：500,000千円、耐用年数：4年、残存価額：ゼロ）を取得し、使用を開始した。なお、当該機械の減価償却は定額法による。

2. 当社には耐用年数経過後に当該機械を除去する的法義務があり、その除去費用の見積額は30,000千円である。なお、資産除去債務は割引率4％で計算し、除去費用の費用配分額と時の経過による資産除去債務の調整額は減価償却費として処理する。

第3問　次の退職給付会計に係る資料にもとづいて、下記の各問に答えなさい。なお、当期はx7年4月1日からx8年3月31日までの1年である。また、計算の過程で端数が生じた場合には千円未満四捨五入とする。

問1　従業員Aに対する前期末および当期末の退職給付債務の残高、当期の勤務費用および利息費用を求めなさい。

(1) 従業員Aは、入社から前期末までに37年間、当期末までに38年間勤務しており、入社から退職時までの期間は40年の予定である。

(2) 従業員Aの退職時の退職給付見込額は120,000千円であり、変更はなかった。

(3) 退職給付債務の算定にあたって使用する割引率は4％とする。

商 業 簿 記

決算整理後残高試算表

×6年3月31日

（単位：千円）

現 金 預 金	（　　）	支 払 手 形	（　　）
受 取 手 形	（　　）	買 掛 金	（　　）
売 掛 金	（　　）	短 期 借 入 金	（　　）
売 買 目 的 有 価 証 券	（　　）	未 払 法 人 税 等	（　　）
繰 越 商 品	（　　）	退 職 給 付 引 当 金	（　　）
建 物	（　　）	リ ー ス 債 務	（　　）
車 両	（　　）	長 期 前 受 収 益	（　　）
リ ー ス 資 産	（　　）	繰 延 税 金 負 債	（　　）
（　　　　）	（　　）	貸 倒 引 当 金	（　　）
そ の 他 有 価 証 券	（　　）	建 物 減 価 償 却 累 計 額	（　　）
長 期 貸 付 金	（　　）	車 両 減 価 償 却 累 計 額	（　　）
繰 延 税 金 資 産	（　　）	リ ー ス 資 産 減 価 償 却 累 計 額	（　　）
仕 入	（　　）		

会　計　学

第1問

(1)	(2)	(3)	(4)	(5)

第2問

問1	減 損 損 失		千円
問2	資 産 除 去 債 務		千円
	減 価 償 却 費		千円

第3問

問1	前期末の退職給付債務		千円
	当期末の退職給付債務		千円
	当 期 の 勤 務 費 用		千円

第4回 模擬試験 問題

商 業 簿 記

問題 (25点)

東北株式会社における×2年度（会計期間は3月31日を決算日とする1年）の以下の資料にもとづいて答案用紙の貸借対照表を完成しなさい。なお、指示のあるものについては、法人税等の実効税率を40％とし、税効果会計を適用する。また、記入する金額がない場合は、「-」を記入すること。

[資料Ⅰ] 決算整理前残高試算表

決算整理前残高試算表

×3年3月31日

(単位：千円)

借 方 科 目	金 額	貸 方 科 目	金 額
現 金 預 金	1,634,000	買 掛 金	324,800
受 取 手 形	653,500	短 期 借 入 金	50,000
売 掛 金	733,000	未 払 金	1,500
有 価 証 券	91,500	社 債	240,000
繰 越 商 品	各自推定	長 期 借 入 金	70,000
仮 払 法 人 税 等	490,000	貸 倒 引 当 金	7,000

(3) 当期商品仕入高は次のとおりである。

第1回仕入：20,000個、取得原価@0.6千ドル、取得時の直物為替相場1ドルあたり114円

第2回仕入：21,000個、取得原価@0.4千ドル、取得時の直物為替相場1ドルあたり116円

(4) 期末商品棚卸高は次のとおりである。

実地棚卸数量 3,900個、時価@0.38千ドル、決算時の直物為替相場1ドルあたり120円

(5) 商品1個あたりの販売単価は120千円であり、期中一定であった。

2. 買掛金の期末残高はすべて第2回仕入に係るものである。

3. 翌期に仕入予定の商品代金の決済に係るリスクをヘッジする目的で10,000千ドルのドル買いの為替予約を行った。予約時の先物為替相場は1ドルあたり117円、決算時の先物為替相場は1ドルあたり119円である。評価差額は繰延ヘッジ会計により処理し、税効果会計を適用する。なお、この為替予約は翌期中に決済される。

4. 現金預金

(1) 現金預金残高の内訳は次のとおりであった。

現金勘定残高（同出納帳残高）	188,000	千円
当座預金勘定残高（同出納帳残高）	各自推定	千円
定期預金勘定残高	各自推定	千円
計	1,634,000	千円

(2) 現金の実際有高を調べたところ次のとおりであった。

① 通貨手許有高 180,000千円

② 得意先A商店から売掛金の回収のために受け取ったA商店振出のx3年4月30日付の小切手

時価は300,000千円であり、増加する資本の2分の1ずつを資本金とその他資本剰余金とする。なお、この株式交換は当社を取得企業とする取得と判定された。

8．建物は、すべて当期首より8年前に取得したものであり、定額法（耐用年数20年、残存価額10%）により減価償却している。備品は、すべて当期首より2年前に取得したものであり、定率法（償却率20%）により減価償却している。なお、過年度の減価償却はいずれも適正に行われており、直接控除法により記帳している。

9．のれんおよび開発費は、前期に計上されたものであり、のれんは20年、開発費は5年で均等償却している。

10．社債および新株予約権は、×2年4月1日に額面金額250,000千円の転換社債型新株予約権付社債（付与割合100%）を払込金額250,000千円（うち社債の対価240,000千円、新株予約権の対価10,000千円）で発行したものであり、区分法により処理している。償還期限は5年であり、社債は償却原価法（定額法）により処理する。×2年9月30日に額面金額100,000千円の転換社債型新株予約権付社債について転換請求があり、転換社債型新株予約権付社債と交換に新株予約権を発行しており、増加する資本のうち2分の1ずつを資本金と資本準備金とする。また、クーポン利息の処理は適正に行われている。

11．法人税等の当期確定税額は850,000千円であり、その他有価証券の評価差額を除く将来減算一時差異の当期解消高40,000千円、当期発生高45,000千円があり、税効果会計を適用する。

第3問 次の資料に基づいて、当期末における縲研稅金負債の金額をトフ当期純利益（縲研稅金等調整）

[資 料]

(1) 剰余金の処分

当期において、その他資本剰余金から800千円および繰越利益剰余金から2,400千円の配当金が支払われた。また、この配当にともない、配当額の10分の1をそれぞれ資本準備金および利益準備金として積み立てた。

(2) 自己株式

当期首22,400千円は前期に取得した160株を1株あたり150千円で追加取得し、その後1株あたり160千円で160株を処分した。なお、処分した自己株式の帳簿価額の算定は移動平均法による。当期において160株を1株あたり160である。当期において160株を1株あたり

(3) その他有価証券

保有するその他有価証券は1銘柄(10株)であり、前期に取得したものである。取得原価は1株あたり800千円、前期末時価は1株あたり880千円であり、当期末時価は1株あたり960千円である。なお、この有価証券は全部純資産直入法により処理し、実効税率40%により税効果会計を適用している。

(4) 新株予約権

前期に新株予約権10個（払込金額@2,400千円）を発行したが、当期においてこのうち6個の権利が行使され、1個につき9,600千円の払込みを受けた。この権利行使の際に、新株予約権1個につき普通株式10株を新株を発行して交付し、会社法規定の最低限度額を資本金に組み入れた。

(5) 決算において当期純利益6,640千円を計上した。

商業簿記

貸借対照表
x3年3月31日

東北株式会社　　　　　　　　　　　　　　　　　　　　　　　　　　　　　　　　（単位：千円）

資産の部		負債の部	
I　流動資産		I　流動負債	
現金預金	（　　　）	買掛金	（　　　）
受取手形	（　　　）	短期借入金	（50,000）
売掛金	（　　　）	未払金	（　　　）
貸倒引当金	（△　　　）	未払法人税等	（　　　）
有価証券	（　　　）	II　固定負債	
商品	（　　　）	社債	（　　　）
為替予約	（　　　）	長期借入金	（70,000）
（　　　）	（　　　）	繰延税金負債	（　　　）
II　固定資産		負債合計	（　　　）
1.　有形固定資産		純資産の部	
建物	（　　　）	I　株主資本	

会 計 学

第 1 問

(1)	(2)	(3)	(4)
(5)			

第 2 問

株主資本等変動計算書

（単位：千円）

		株 主 資 本							評価・換算差額等	新株予約権
	資 本 金	資 本 剰 余 金		利 益 剰 余 金			自己株式		その他有価証券評価差額金	
		資本準備金	その他資本剰余金	利益準備金	その他利益剰余金					
					別途積立金	繰越利益剰余金				
当期首残高	400,000	18,400	14,400	5,600	2,400	44,000	△ 22,400		480	24,000
当期変動額										
新株の発行										

自己株式の処分							
当期純利益							
株主資本以外の項目の当期変動額（純額）							
当期変動額合計							
当期末残高							

第3問

(1)	繰 延 税 金 資 産		千円
(2)	繰 延 税 金 負 債		千円
(3)	当 期 純 利 益		千円

（注）　繰延税金資産および繰延税金負債は、相殺前の金額を記入すること。また、金額が記入されない場合には、0（ゼロ）を記入すること。

土　　　　　地	(2)(　　　　)	1,250,000
2．無 形 固 定 資 産		
（　　　　　　　　　）	（　　　　）	
3．投資その他の資産		
（　　　　　　　　　）	（　　　　）	
（　　　　　　　　　）	（　　　　）	
長 期 貸 付 金	（　　　　）	100,000
貸 倒 引 当 金	(△　　　　)	
繰 延 税 金 資 産	（　　　　）	
Ⅲ　繰 延 資 産		
（　　　　　　　　　）	（　　　　）	
資 産 合 計		（　　　　）

3．利 益 剰 余 金		（　　　　）
(1)利 益 準 備 金		57,500
(2)その他利益剰余金		
別 途 積 立 金		75,000
繰 越 利 益 剰 余 金	（　　　　）	
4.（　　　　　　）	(△　　　　)	
Ⅱ　評 価・換 算 差 額 等		
1．その他有価証券評価差額	（　　　　）	
2.（　　　　　　　　）	（　　　　）	
Ⅲ　（　　　　　　　　）	（　　　　）	
純 資 産 合 計		（　　　　）
負 債・純 資 産 合 計		（　　　　）

[資　料]

(1) 前期末に商品評価損16,000千円を計上していたが、税務上は損金不算入であった。しかし、当期にこの商品が販売され、損金算入が認められたため、税務上は損金不算入であった。また、当期末に商品評価損26,000千円を計上したが、税務上は損金不算入であった。

(2) 当期において受取配当金のうち、益金に算入されない金額が35,000千円あった。

(3) 前期末に売掛金900,000千円に対して27,000千円の貸倒引当金を繰り入れたが、税務上の繰入限度額は9,000千円であった。しかし、当期に当該売掛金し倒れたため損金算入が認められた。また、当期末に売掛金1,000,000千円に対して30,000千円の貸倒引当金を繰り入れたが、税務上の繰入限度額は10,000千円であった。

(4) 当期において寄付金のうち、損金に算入されない金額が45,000千円あった。

(5) 取得原価500,000千円の備品(x4年4月1日に取得)について、定額法、残存価額は0円、経済的耐用年数4年により減価償却を行っているが、税務上の法定耐用年数は5年である。

(6) 前期に取得したその他有価証券の取得原価は25,000千円、前期末の時価は28,000千円、当期末の時価は30,000千円であった。なお、その他有価証券の評価差額の計上は全部純資産直入法により処理している。

(7) 保有する国債(額面金額300,000千円、取得原価も300,000千円で、当期末まで時価の変動はない。翌期中に償還予定)の価格変動による損失に備えるため、当期に債券先物(額面金額300,000千円)を売り建てた。債券先物の売建時の時価は100円につき99円、当期末の時価は100円につき97円であった。この債券先物取引は翌期中に決済される予定であり、繰延ヘッジ会計により処理している。なお、当期末の債券先物の時価は100円につき97円であった。

(8) 当期における税引前当期純利益は500,000千円、法人税等の確定税額は224,800千円であった。

10　　　　　　　　　　　　日商1級　模擬試験　問題

1. 法人税等について税率の変更があった場合には、過年度に計上された繰延税金資産及び繰延税金
負債を（　1　）に基づき再計算するものとする。

2. ストック・オプションを付与し、これに応じて企業が従業員等から取得するサービスは、その取
得に応じて費用として計上し、対応する金額を、ストック・オプションの権利の行使または失効が
確定するまでの間、貸借対照表の純資産の部に（　2　）として計上する。

3. リース取引の借手側の会計処理において、ファイナンス・リース取引となる場合は、通常の
（　3　）取引に係る方法に準じた会計処理を適用し、リース取引開始日に、リース資産およびリ
ース債務を計上する。リース資産およびリース債務の計上額は、原則として、リース契約締結時に
合意されたリース料総額からこれに含まれている（　4　）相当額の合理的な見積額を控除する方
法により算定する。当該（　4　）相当額については、原則として、リース期間にわたり（　4　）
法により配分する。なお、オペレーティング・リース取引となる場合は、通常の（　5　）取引に
係る方法に準じた会計処理を適用する。

第2問　次の資料にもとづいて、答案用紙の株主資本等変動計算書を完成しなさい。なお、当期はx3
年4月1日からx4年3月31日までの1年である。また、純資産がマイナスとなる場合には、金
額の前に△印を付すこと。

9

（3）当座預金勘定残高と銀行残高証明書残高¥362,300＋1月1日とは、以所因は次のとおりである。

① 決算日に現金15,000千円を預け入れたが、営業時間外であったため、銀行では翌日付で入金の記帳をしていた。

② 販売費12,500千円の支払いのために振り出した小切手が未渡しであった（手許保管中）。

③ 得意先B商店から売掛金19,000千円が当座預金に振り込まれていたが、連絡が当社に未達であった。

（4）定期預金はすべて×2年5月1日に預け入れたものであり、期間2年、利率年3％、利払日は毎年4月と10月の各末日である。

5. 売上債権および長期貸付金の期末残高に対して貸倒実績率法により2％の貸倒引当金を設定する。

6. 有価証券の内訳は次のとおりである。なお、売買目的有価証券およびその他有価証券の評価差額は洗替方式により処理するが、期首の振戻しが行われていない。また、その他有価証券の評価差額は部分純資産直入法により処理し、税効果会計を適用する。

銘　柄	分　　類	原　価	簿　価	時　価
C社株式	売買目的有価証券	35,000千円	37,500千円	40,000千円
D社株式	その他有価証券	30,000千円	31,000千円	34,500千円
E社株式	その他有価証券	25,000千円	23,000千円	21,500千円

7. 株式交換によりF社株式の100％を取得したが未処理である。株式交換時のF社の適正な帳簿価額による純資産額は225,000千円、F社株式と交換に交付した当社の株式（すべて新株を発行）の

[資料Ⅱ]　期末整理事項等

1. 商品販売

(1) 仕入はすべて米国からの輸入取引であり、払出単価の計算は先入先出法を採用している。

(2) 期首商品棚卸高は次のとおりである。なお、前期末には評価損は計上されていない。

3,000個、取得原価@0.5千ドル、取得時の直物為替相場 1 ドルあたり110円

借方科目	金額	貸方科目	金額
売掛金	1,250,000	利益準備金	100,000
のれん	76,000	別途積立金	57,500
長期貸付金	100,000	繰越利益剰余金	75,000
繰延税金資産	20,000	その他有価証券評価差額金	600
開発費	36,000	新株予約権	10,000
自己株式	25,000	売上	4,800,000
仕入	各自推定	受取利息配当金	18,750
販売費	175,000	為替差損益	12,500
一般管理費	256,000		
支払利息	3,000		
社債利息	10,000		各自推定

7

		千円
当期末の退職給付引当金		
問2	当期の退職給付費用	千円
	当期末の退職給付引当金	千円
問3	当期の退職給付費用	千円

減価償却費（　　　）

退職給付費用（　　　）

貸倒引当金繰入（　　　）

支払利息（　　　）

社債利息（　　　）

法人税等（　　　）

利益準備金（　　　）

別途積立金（　　　）

繰越利益剰余金（　　　）

その他有価証券評価差額金（　　　）

新株予約権（　　　）

売上（　　　）

受取利息配当金（　　　）

有価証券売却益（　　　）

法人税等調整額（　　　）

(3) 当期首年金資産時価：96,000千円

(4) 当期首未認識数理計算上の差異（損失）：2,600千円（x6年度末に把握されたものであり×6年度より定率法、償却率20％で費用処理している）

(5) 割引率：3％

(6) 長期期待運用収益率：2％

(7) 当期勤務費用：10,080千円

(8) 当期年金掛金拠出額：28,800千円

(9) 当期退職給付支給額：25,600千円（退職一時金：17,600千円、年金基金からの支給額：8,000千円）

問3 問2に次の資料を追加した場合の当期末の退職給付引当金および当期の退職給付費用を求めなさい。

(1) 当期末退職給付債務：221,600千円（当期末に新たに見積った額）

(2) 当期末年金資産時価：109,120千円

(3) 当期に発生した数理計算上の差異は、当期末から定率法、償却率20％で費用処理する。

利益剰余金から減額する。

(5) 税効果会計は、企業会計上の資産又は負債の額と課税所得計算上の資産又は負債の額に相違がある場合において、法人税その他利益に関連する金額を課税標準とする税金（法人税等）の額を適切に期間配分することにより、法人税等を控除する前の当期純利益と法人税等を合理的に対応させることを目的とする手続きである。

第2問　固定資産会計について、以下の各問いに答えなさい。なお、計算の過程で端数が生じた場合には千円未満を四捨五入すること。

問1　次の資料にもとづいて、当期の財務諸表に記載される答案用紙に示した項目の金額を計算しなさい。

（資　料）

1. 当社が保有する備品（取得原価：675,000千円、減価償却累計額：303,750千円、残存耐用年数：3年）に減損の兆候があった。そのため、減損損失を認識するかどうかの判定を行い、認識する必要がある場合には減損損失を計上する。

2. 当該備品の現時点における正味売却価額は305,000千円である。割引前将来キャッシュ・フロー（1年目：93,750千円、2年目：80,000千円、3年目：101,250千円、正味売却価額：62,500千円）は各年度末に発生していると仮定し、割引率は年5％とする。

価額10%により減価償却している。x5年4月1日にリース会社との間でセール・アンド・リースバック契約（所有権が移転するファイナンス・リース取引に該当）を締結し、リース資産として使用するにととなったが、契約時には、リース会社から受け取った売却代金135,000千円を仮受金として処理しているだけである。リース会社への売却価額は135,000千円、計算利子率は年5％、リース料は毎年3月31日に20,887千円を支払う（年1回、後払い）。備品の売却損益はリース期間に配分し、各期の減価償却費に加減する。リースバック後の減価償却は、定額法、耐用年数8年、残存価額は当初取得原価の10%により行う。また、x6年3月31日の1回目のリース料20,887千円を現金で支払ったが未処理である。

8. 退職給付費用37,500千円を計上する。なお、税務上の退職給付引当金の繰入限度超過額の累計額は、前期末が225,000千円、当期末が247,500千円であり、税効果会計を適用する。

9. 社債および新株予約権は、x5年4月1日に額面総額150,000千円の新株予約権付社債を150,000千円（社債および新株予約権の対価3,000千円）で発行した際に計上したものであり、区分法により処理している。x5年8月1日に新株予約権の2分の1が行使されたため、所有する自己株式のうち73,500千円を処分して交付したが、払込金額75,000千円を仮受金として処理しているだけである。社債の償還期日は、x9年3月31日であり、金利調整差額（社債は償却原価法（定額法）により処理する。

10. x6年3月14日に当社を取得企業とする株式交換を行いE社（純資産額135,000千円）の発行済株式の100%を取得した。交付株式（時価150,000千円）のうち一部は所有する自己株式のうち27,000

[資料Ⅱ] 決算整理事項等

1. 商品売買

備 品	150,000
その他有価証券	45,000
長 期 貸 付 金	450,000
繰 延 税 金 資 産	90,000
自 己 株 式	100,500
仕 入	825,000
販 売 費	102,000
一 般 管 理 費	85,500
支 払 利 息	1,800
社 債 利 息	3,000
	各自推定

備品減価償却累計額	27,000
資 本 金	900,000
資 本 準 備 金	150,000
利 益 準 備 金	120,000
別 途 積 立 金	90,000
繰 越 利 益 剰 余 金	120,000
新 株 予 約 権	3,000
売 上	1,134,000
受 取 利 息 配 当 金	1,500
有 価 証 券 売 却 益	各自推定
	各自推定

(1) 仕入からは仕入割戻30,000千円および仕入割引60,000千円が控除されている。

(2) 商品の期末棚卸高は、原価450,000千円、時価414,000千円である。

2. 受取手形、売掛金の期末残高に対して貸倒実績率にもとづき2%の貸倒引当金を差額補充法により設定する。長期貸付金450,000千円は、貸付先の経営成績の悪化により、当期末に貸倒懸念債権り認定する。

引当金

損　益　計　算　書

自×4年4月1日　至×5年3月31日

(単位：円)

$\vdots$

Ⅲ　販売費及び一般管理費

1. 賞　　　　　与　　　（　　　　　）

2.（　　　　　　　）　　（　　　　　）

3.（　　　　　　　）　　（　　　　　）

$\vdots$

営　業　利　益　　　　　×××

貸　借　対　照　表

×5年3月31日　　　　　（単位：円）

現 金 預 金	（　　　　　）	賞 与 引 当 金	（　　　　　）
		役員賞与引当金	（　　　　　）

理論問題

ア	イ

退職給付会計①

(1)		円
(2)		円
(3)		円
(4)		円

退職給付会計②

損　益　計　算　書
自×7年４月１日　至×8年３月31日

(単位：円)

⋮

Ⅲ　販売費及び一般管理費

１．(　　　　　　　)　　　　(　　　　　　　)

⋮

営　業　利　益　　　　　×××

貸　借　対　照　表
×8年３月31日

(単位：円)

⋮

(　　　　　　　) (　　　　　　　)

⋮

損 益 計 算 書

自×6年4月1日　至×7年3月31日

（単位：円）

⋮

Ⅲ　販売費及び一般管理費

　　1.（　　　　　　　　）　　　　（　　　　　　　）

⋮

　　　営　業　利　益　　　　　　　　×××

貸 借 対 照 表

×7年3月31日　　　　　　　（単位：円）

	⋮	
（　　　　　　　）	（　　　　　　　）	
	⋮	

ア	イ	ウ
エ	オ	

社債の償却原価法（利息法）

問1

①	円
②	円

問2

損 益 計 算 書
自×4年 1 月 1 日　至×4年12月31日
（単位：円）

⋮

Ⅴ　営 業 外 費 用
　　社 債 利 息　　　　　（　　　　　　）

貸 借 対 照 表
×4年12月31日　　　　　（単位：円）

⋮

Ⅱ　固 定 負 債
　　社 債　　　　　（　　　　　　）

社債の償却原価法（定額法①）

問1

①	
②	

問2

損 益 計 算 書
自×4年1月1日　至×4年12月31日
（単位：円）

⋮

Ⅴ　営 業 外 費 用
社 債 利 息　　　（　　　　　）

貸 借 対 照 表
×4年12月31日　　　　（単位：円）

⋮

Ⅱ　固 定 負 債
社 　 債　　　（　　　　　）

社債の償却原価法（定額法②）

損 益 計 算 書
自×5年4月1日　至×6年3月31日
（単位：円）

⋮

V 営 業 外 費 用

社 債 利 息　　　　（　　　　　）

貸 借 対 照 表
×6年3月31日　　　（単位：円）

I 流 動 負 債		
未 払 費 用	（	）
⋮		
II 固 定 負 債		
社 債	（	）

借方科目	金　額	貸方科目	金　額

損　益　計　算　書
自×9年1月1日　至×9年12月31日

（単位：円）

⋮

Ⅴ　営 業 外 費 用

　　社 債 利 息　　　　　（　　　　　）

社債の買入償還①

損 益 計 算 書
自×2年 4 月 1 日　至×3年 3 月31日
（単位：円）

⋮

V　営 業 外 費 用
　　社 債 利 息　　　　（　　　　　）

⋮

Ⅶ　特 別 損 失
　　社 債 償 還 損　　　（　　　　　）

貸 借 対 照 表
×3年 3 月31日　　　　　（単位：円）

I　流 動 資 産		I　流 動 負 債	
現 金 預 金	（　　　　）	未払社債利息	（　　　　）
		Ⅱ　固 定 負 債	
		社　　　債	（　　　　）

損 益 計 算 書
自×4年4月1日　至×5年3月31日
（単位：円）

︙

Ⅴ　営 業 外 費 用
　　社 債 利 息　　　　　（　　　　　　）

︙

Ⅵ　特 別 利 益
　　社 債 償 還 益　　　　（　　　　　　）

貸 借 対 照 表
×5年3月31日　　　　　（単位：円）

︙

Ⅱ　固 定 負 債
　　社　　　債　　　　（　　　　　）

社債の抽選償還

貸借対照表

一年以内償還社債	円
社債	円

損益計算書

社債利息	円

損 益 計 算 書
自×4年4月1日　至×5年3月31日
（単位：円）

⋮

Ⅴ　営 業 外 費 用
　　支 払 手 数 料　　　　　（　　　　　）
　　株 式 交 付 費　　　　　（　　　　　）

貸 借 対 照 表
×5年3月31日　　　　　　　　　　（単位：円）

⋮

純資産の部

1．資 本 金　　　（　　　　　　　）

2．資本剰余金

　(1)資本準備金　　　（　　　　　　　）

　(2)その他資本剰余金　（　　　　　　　）

3．利益剰余金

　(1)利益準備金　　　（　　　　　　　）

　(2)任意積立金　　　（　　　　　　　）

　(3)繰越利益剰余金　（　　　　　　　）

4．自 己 株 式　　（△　　　　　　）

問1

貸 借 対 照 表

×6年3月31日　　　　　　　　　　　　　　（単位：円）

1．流 動 資 産		⋮	
現 金 預 金	（　　　　）	純資産の部	
		1．資 本 金	（　　　　）
		2．資本剰余金	
		(1)資本準備金	（　　　　）
		(2)その他資本剰余金	（　　　　）
		3．利益剰余金	
		(1)繰越利益剰余金	（　　　　）

問2

貸 借 対 照 表

×6年3月31日　　　　　　　　　　　　　　（単位：円）

1．流 動 資 産		⋮	
現 金 預 金	（　　　　）	純資産の部	
		1．資 本 金	（　　　　）
		2．資本剰余金	
		(1)資本準備金	（　　　　）
		(2)その他資本剰余金	（　　　　）
		3．利益剰余金	
		(1)繰越利益剰余金	（　　　　）

自己株式③

	借方科目	金　額	貸方科目	金　額
(1)				
(2)				

理論問題

ア	イ	ウ

新株予約権

問1

貸 借 対 照 表

×5年3月31日　　　　　　　　　　　（単位：円）

資産の部		┆		
Ⅰ　流動資産		純資産の部		
現 金 預 金　　（　　　　）		Ⅰ　株 主 資 本		
		1．資 本 金	（	）
		2．資本剰余金		
		(1)資本準備金	（	）
		(2)その他資本剰余金	（	）
		┆		
		4．自 己 株 式	（△	）
		┆		
		Ⅲ　新株予約権	（	）

問2

貸 借 対 照 表

×5年3月31日　　　　　　　　　　　（単位：円）

資産の部		┆		
Ⅰ　流動資産		純資産の部		
現 金 預 金　　（　　　　）		Ⅰ　株 主 資 本		
		1．資 本 金	（	）
		2．資本剰余金		
		(1)資本準備金	（	）
		(2)その他資本剰余金	（	）
		┆		
		4．自 己 株 式	（△	）
		┆		
		Ⅲ　新株予約権	（	）

問1

貸 借 対 照 表

×5年3月31日　　　　　　　　（単位：千円）

資産の部		負債の部	
Ⅰ　流 動 資 産		⋮	
現 金 預 金　　（　　　　　）		Ⅱ　固 定 負 債	
		社 　 　 債　　（　　　　　）	
		⋮	
		純資産の部	
		Ⅰ　株 主 資 本	
		1．資 本 金　　（　　　　　）	
		2．資本剰余金	
		⑴資本準備金　　（　　　　　）	
		⋮	
		Ⅲ　新株予約権　　（　　　　　）	

社債利息	千円

問2

貸 借 対 照 表

×5年3月31日　　　　　　　（単位：千円）

資産の部			負債の部		
Ⅰ　流 動 資 産			⋮		
現 金 預 金	（	）	Ⅱ　固 定 負 債		
			社　　　債	（	）
			⋮		
			純資産の部		
			Ⅰ　株 主 資 本		
			1. 資 本 金	（	）
			2. 資本剰余金		
			(1)資本準備金	（	）
			⋮		
			Ⅲ　新株予約権	（	）

社債利息	千円

42

ストック・オプション

損 益 計 算 書
自×4年4月1日 至×5年3月31日
(単位:円)

⋮

Ⅲ 販売費及び一般管理費

株 式 報 酬 費 用 　　　(　　　　　　)

株主資本等変動計算書
自×4年4月1日 至×5年3月31日
(単位:円)

⋮

新株予約権

当 期 首 残 高 　　　(　　　　　　)

当期変動額(純額) 　　　(　　　　　　)

当 期 末 残 高 　　　(　　　　　　)

貸 借 対 照 表
×5年3月31日 　　　(単位:円)

⋮

純資産の部

⋮

Ⅲ 新株予約権 　　　(　　　　)

損 益 計 算 書

自×3年4月1日　至×4年3月31日

（単位：円）

⋮

Ⅲ　販売費及び一般管理費

報 酬 費 用　　　　　　　（　　　　　　）

株主資本等変動計算書

自×3年4月1日　至×4年3月31日

（単位：円）

⋮

株式引受権

当 期 首 残 高　　　　　（　　　　　　）

当期変動額（純額）　　　（　　　　　　）

当 期 末 残 高　　　　　（　　　　　　）

貸 借 対 照 表

×4年3月31日　　　　　　（単位：円）

⋮

純資産の部

⋮

Ⅲ　株式引受権　　　　（　　　　　　）

株主資本等変動計算書
自×1年4月1日　至×2年3月31日
（単位：千円）

	株主資本									自己株式	株主資本合計
	資本金	資本剰余金			利益剰余金						
		資本準備金	その他資本剰余金	資本剰余金合計	利益準備金	その他利益剰余金		利益剰余金合計			
						別途積立金	繰越利益剰余金				
当期首残高	50,000	2,000	1,430	3,430	750	500	6,000	7,250		△3,000	57,680
当期変動額											
新株の発行	( )	( )		( )							
剰余金の配当		( )	( )	( )			( )	( )			
当期純利益							( )	( )			
自己株式の取得										( )	
自己株式の処分			( )	( )						( )	
株主資本以外の項目の当期変動額											
当期変動額合計	( )	( )	( )	( )		－	( )	( )		( )	
当期末残高	( )	( )	( )	( )		500	( )	( )		( )	

上段より続く

	評価・換算差額等		株式引受権	新株予約権	純資産合計
	その他有価証券評価差額金	評価・換算差額等合計			
当期首残高	400	400	0	8,000	66,080
当期変動額					
新株の発行					( )
剰余金の配当					( )
当期純利益					( )
自己株式の取得					( )
自己株式の処分					( )
株主資本以外の項目の当期変動額	( )	( )	( )	( )	( )
当期変動額合計	( )	( )	( )	( )	( )
当期末残高	( )	( )	( )	( )	( )

損　益　計　算　書

自×2年4月1日　至×3年3月31日　　　（単位：円）

                  :

税引前当期純利益		975,000
法人税、住民税及び事業税	503,100	
法人税等調整額	（　　　　　　）	（　　　　　　）
当　期　純　利　益		（　　　　　　）

貸　借　対　照　表

×3年3月31日　　　　　（単位：円）

:			:	
Ⅱ　固　定　資　産			Ⅱ　固　定　負　債	
繰延税金資産	（　　　　）		繰延税金負債	（　　　　）
			:	
			純資産の部	
			その他有価証券評価差額金	（　　　　）

税効果会計②

問1

損 益 計 算 書
自×4年4月1日　至×5年3月31日　　（単位：円）

　　　　　　　　　　　　　：

法 人 税 等	（　　　　　）	
法人税等調整額	（　　　　　）	（　　　　　）

貸 借 対 照 表
×5年3月31日　　　　　（単位：円）

：		：	
Ⅱ　固 定 資 産		Ⅱ　固 定 負 債	
繰延税金資産	（　　　　　）	繰延税金負債	（　　　　　）

問2

損 益 計 算 書
自×4年4月1日　至×5年3月31日　　（単位：円）

　　　　　　　　　　　　　：

法 人 税 等	（　　　　　）	
法人税等調整額	（　　　　　）	（　　　　　）

貸 借 対 照 表
×5年3月31日　　　　　（単位：円）

：		：	
Ⅱ　固 定 資 産		Ⅱ　固 定 負 債	
繰延税金資産	（　　　　　）	繰延税金負債	（　　　　　）

損 益 計 算 書
自×5年４月１日　至×6年３月31日　　　（単位：円）

⋮

Ⅱ　売　上　原　価

　1．期首商品棚卸高　　　　（　　　　　）

　2．当期商品仕入高　　　　（　　　　　）

　　　　合　　計　　　　　（　　　　　）

　3．期末商品棚卸高　　　　（　　　　　）

　　　　差　　引　　　　　（　　　　　）

　4．商品評価損　　　　　（　　　　　）　（　　　　　　　）

⋮

Ⅲ　販売費及び一般管理費

　1．貸倒引当金繰入　　　　（　　　　　）

　2．減価償却費　　　　　（　　　　　）

　3．退職給付費用　　　　　（　　　　　）

⋮

　　　税引前当期純利益　　　　　　　　　（　　　　　　）

　　　法　人　税　等　　　（　　　　　）

　　　法人税等調整額　　　（　　　　　）　（　　　　　　）

　　　当　期　純　利　益　　　　　　　　（　　　　　　）

貸 借 対 照 表

×6年3月31日　　　　　　（単位：円）

資産の部			負債の部		
Ⅰ　流 動 資 産			Ⅰ　流 動 負 債		
売 掛 金	（	）	買 掛 金	（	）
貸倒引当金	（	）	Ⅱ　固 定 負 債		
商　　　品	（	）	退職給付引当金	（	）
⋮			繰延税金負債	（	）
Ⅱ　固 定 資 産			⋮		
建　　　物	（	）	純資産の部		
減価償却累計額	（	）	Ⅰ　株 主 資 本		
機　　　械	（	）	資 本 金	（	）
減価償却累計額	（	）	圧縮積立金	（	）
投資有価証券	（	）	繰越利益剰余金	（	）
繰延税金資産	（	）	Ⅱ　評価・換算差額等		
			その他有価証券評価差額金	（	）

CHAPTER 12－❹／4問　　　　　　　　　**理論問題**

ア	イ	ウ
エ	オ	

MEMO